文明古国能源合作

智库论坛集萃

李建青 刘朝全◎主编

中国石油大学出版社
CHINA UNIVERSITY OF PETROLEUM PRESS

内 容 提 要

本书介绍了中国、印度、伊拉克、伊朗和埃及等五个国家的经济发展与能源消费、能源发展战略与政策、油气供需形势、油气在能源转型中的作用、油气产业现状、新能源发展以及五国间的能源合作。本书可为有关部门、企业以及研究机构等了解这五个国家的能源行业发展状况及趋势、把握各国能源合作机会提供参考。

图书在版编目(CIP)数据

文明古国能源合作智库论坛集萃 / 李建青，刘朝全主编. —东营：中国石油大学出版社，2018.3

ISBN 978-7-5636-5999-9

Ⅰ. ①文… Ⅱ. ①李… ②刘… Ⅲ. ①能源经济－国际合作－文集 Ⅳ. ①F416.2

中国版本图书馆 CIP 数据核字(2018)第 054121 号

书　　名：文明古国能源合作智库论坛集萃
主　　编：李建青　刘朝全

责任编辑：吕华华(电话　0532—86981537)
封面设计：李尘工作室

出 版 者：中国石油大学出版社
（地址：山东省青岛市黄岛区长江西路 66 号　邮编：266580）
网　　址：http://www.uppbook.com.cn
电子邮箱：lv-huahua@163. com
印 刷 者：青岛北琪精密制造有限公司
发 行 者：中国石油大学出版社(电话　0532—86983560，86983437)
开　　本：170 mm × 240 mm
印　　张：7. 75
字　　数：90 千
版 印 次：2018 年 3 月第 1 版　2018 年 3 月第 1 次印刷
书　　号：ISBN 978-7-5636-5999-9
定　　价：60. 00 元

《文明古国能源合作智库论坛集萃》
编　委　会

前 言

2017年11月17日，经中国石油集团经济技术研究院（以下简称“经研院”）倡议，并与印中经济文化促进会（ICEC）联合举办的首届“文明古国能源合作智库论坛”（以下简称“论坛”）在北京成功举行。中国石油天然气股份有限公司副总裁、中国工程院院士黄维和，印中经济文化促进会秘书长默罕默德·萨奇夫到会致辞，经研院院长李建青主持论坛。本次论坛以“能源经济与政策”和“能源合作与新能源”为主题，来自中国、印度、伊拉克、伊朗和埃及等5个国家的14位智库专家，就各国能源发展战略与政策、经济发展与能源消费、油气供需形势、油气在能源转型中的作用、国际能源合作、炼油领域现状及合作、新能源发展等话题进行了深入交流。论坛得到了中国政府相关部门、中外大石油公司、国内外知名研究机构以及相关媒体的高度重视和积极响应，吸引了来自上述五国的百余名嘉宾共同参与，取得了预期效果。

论坛是落实“一带一路”峰会要求的具体实践。习近平总书记在2017年第一届“一带一路”国际合作高峰论坛中要求，要发挥智库作用，搭建合作平台，建设“一带一路”文明之路。一直以来，经研院将贯彻落实习近平总书记系列讲话精神作为首要政治任务来抓，并将其作为科研工作实践的指引。特别是，经研院作为国家高端智库试点单位以及中国石油集团直属科研院中唯一专门从事软科学研究的决策支持机构，向来高度重视国内外智库间的交流合作以及公共外交、舆论引导、决策支持等作用的发挥，培育形成了世界油气发展研讨会、全国石油经济学术年会、亚洲天然气市场论坛、中韩学术交流研讨会、中日学术交流研讨会等高端会议品牌，承办了中国－国际能源署(IEA)合作二十周年庆典、国际能源变革论坛——化石能源清洁发展分论坛等大型高层会议，充分发挥了“小机构、大平台”的作用，行业影响力、社会影响力、国际影响力不断提升。本次与印中经济文化促进会首次联合举办论坛，就是经研院结合自身作为中国特色新型能源企业类高端智库的身份属性和专业特点，以“一带一路”峰会要求为指引，以文明古国为纽带，以智库交流为抓手，以能源合作为主题，通过开创文明古国间能源智库对话新模式，为文明古国复兴发展、为建设人类命运共同体做出的积极贡献。

论坛为文明古国间增进了解、深化合作搭建了桥梁。这些国家同属丝绸之路经济带，既有传统的油气资源生产大国，也有快速增长的油气消费大国，在深化能源交流合作、推进管道互联互通等领域具有天然的地理优势。本次论坛成为社会各界集中了解这些国家能源工业发展的一个窗口，释放出了深化能源全产业链合作的巨大潜力和积极信号。与会专家分享了各国能源发展的最新动向和特点。其中，印度正在起草第十二个五年计划，明确了低碳发展和包容性增长的方向，同时提出确保能源安全、减少对进口能源依赖和减轻对环境影响的目标，目前正积极推进包括“太阳能城市发电计划”在内的各项计划，发展可再生能源。伊拉克正努力通过新技术实现石油的开采，与许多国家分别在服务、生产共享、技术支持等方面开展了广泛合作。伊朗制订了2016—2020年发展计划，将努力寻求多元化市场出口目标，增加炼厂生产能力，提升天然气产量。埃及近年来面临着能源供应挑战，目前正致力于可持续的市场发展，希望能成为欧洲的能源交易中心，力争2018年通过地中海新项目的投产，在逐步满足自身油气需求的基础上，开始油气的对外出口。中国石油需求增长主要来自交通和化工部门，并将于2030年达到峰值；天然气处于快速发展期，在中国能源转型中将发挥重要作用。与会专家认为，未来这些国家在油气勘探开发、管道炼化、油气销售、工程技术服务、新能源发展等领域具有巨大的合作潜力，应充分考虑相关国家的合作需求，通过“资源与市场共享、通道与产业共建”，建设开放型油气合作网络，培育自由开放、竞争有序、平等协商、安全共保的伙伴关系，以能源利益共同体构建人类命运共同体。

论坛搭建了政治交流的智库通道。埃及对外贸易和工业部进出口政策中心首席研究员希沙姆·阿布巴卡尔在报告中感谢习近平主席提出的“一带一路”倡议，认为“该倡议有效推动了全球化、促进了国际合作，为‘一带一路’国家间提供了学术、人文交流机会”。印中经济文化促进会秘书长默罕默德·萨奇夫表示：“中印两国间在能源安全、能源供应方面存在巨大的合作空间，本次论坛的举办是加强中印两国理解和合作的重要基础，希望未来中国能够在更高层次、更宽领域内发挥大国责任，增进国际友谊和人类福祉。”中国外交部参会官员表示，通过论坛组织的智库间沟通交流，对相关国家的政经形势和民众诉求有了新的认识，可为今后大国外交战略策略的制定提供新的借鉴。

与会各方就论坛下步发展达成了超预期共识。参加论坛的代表、嘉宾、媒体对论坛的举办给予高度评价，认为能源消费国之间、能源消费国与能源生产国之间增强合作，有利于稳定市场、繁荣经济，而论坛的举办对于增强文明古国间在能源合作方面的沟通与了解、促进各国之间的能源合作，具有积极的推动作用。鉴于论坛在交流成果、探索合作、深化友谊等方面取得的积极效果，与会各方代表共同提议，希望文明古国间能够将这一能源智库交流平台继续办下去。参会五国代表共同签署了《文明古国能源合作智库论坛会议纪要》(以下简称《纪要》)，以书面形式明确了各方将论坛持续举办下去的目标和意向。《纪要》希望论坛为这些国家间加强能源项目合作，促进能源行业的发展，造福五国人民，并为人类命运共同体的建设做出贡献。

当前，全球能源界正在经历着能源转型带来的巨变以及全球气候问题引发的对新能源的渴望。能源合作与发展成为众多国家和企业在新的能源形势下积极商讨的重要话题。经研院将以本次论坛举办为契机，面向能源、服务能源，进一步增强决策支持、交流合作、舆论引导、公共外交的自觉性和主动性，为全球能源命运共同体建设、为中国特色新型智库建设贡献更多智慧和更大力量。

编　者

2018 年 2 月

目 录

致 辞

论坛发言

致辞

开幕式致辞

黄维和　中国石油天然气股份有限公司副总裁

尊敬的默罕默德·萨奇夫先生，尊敬的沙巴赫·萨伊迪先生，尊敬的马基德·穆罕迈迪先生，尊敬的希沙姆·阿布巴卡尔先生，各位来宾，各位朋友，女士们、先生们：

大家上午好！

欢迎参加由中国石油集团经济技术研究院与印中经济文化促进会(ICEC)联合举办的“文明古国能源合作智库论坛”。本次论坛得到了中国政府相关部门、中外大石油公司、国内外知名研究机构以及相关媒体的高度重视和积极响应。在此，我谨代表中国石油集团董事长王宜林先生、总经理章建华先生，对论坛的召开表示热烈的祝贺，对各位嘉宾的到来表示衷心的感谢，向新闻界的朋友们表示诚挚的谢意！

本次论坛以“能源经济与政策”和“能源合作与新能源”为两大议题，以世界能源格局变化和行业趋势为背景，将重点围绕中国、印度、伊朗、伊拉克和埃及五国的经济发展与能源消费、油气对外合作现状、新能源以及“一带一路”倡议下新的合作机遇等问题展开讨论。

历史告诉我们：文明在开放中发展，民族在融合中共存。从蜿蜒起伏的万里长城到雄伟壮观的金字塔，从神秘的空中花园到举世闻名的泰姬陵……人类文明在亚非大河流域孕育而生，几个文明古国又恰巧都处于丝绸之路经济带上，宛如绸带上的一颗颗璀璨明珠，至今熠熠发光。正如我们的习近平主席在“一带一路”国际合作高峰论坛上的演讲中所说：古丝绸之路跨越尼罗河流域、底格里斯河和幼发拉底河流域、印度河和恒河流域、黄河和长江流域，跨越埃及文明、巴比伦文明、印度文明、中华文明的发祥地，跨越佛教、基督教、伊斯兰教信众的汇集地，跨越不同国度和肤色人民的聚居地。不同文明、宗教、种族求同存异、开放包容，并肩书写相互尊重的壮丽诗篇，携手绘就共同发展的美好画卷。

能源合作无疑是这幅画卷中最浓墨重彩的一笔。大家知道，能源、资源合作是“一带一路”建设的重要内容和先行产业。经过 20 余年发展，我国已在区域内形成了三大油气合作区、四大油气战略通道、超过 2 亿吨当量 / 年的产能、5 000 万吨 / 年炼油能力的全产业链合作格局，油气及相关产业成为“一带一路”中“走出去”规模最大的产业，具备了先行基础。同时能源合作也促进了相关国家的油气供应和经济社会发展，累计为当地带来超过 1 500 亿美元的税收收入，累计公益投资超过 260 亿美元，员工本地化率超过 90%，通过油气合作造福了当地民众，树立了中国石油企业的良好品牌形象。

中国石油是最早在“一带一路”沿线地区开展投资合作的中国企业之一，目前与沿线 19 个国家进行 50 多个项目的合作。“一带一路”倡议提出以来，作为一家跨地区、跨行业、跨国经营的综合性国际能源公司，中国石油秉承共商、共建、共享原则，深化油气合作，促进互联互通，取得了一系列新进展，有力地推动了“五通”建设。

能源合作的地域性强，几个文明古国都地处丝绸之路经济带上，有天然的地理优势，为能源合作提供了有利条件；这几个国家中既有快速增长的油气消费大国，也有传统的油气资源生产大国，油气市场的互补性强，为油气贸易及相关合作奠定了客观基础。相信通过不断加强能源合作、优势互补，一定可以实现共同发展、互利共赢，共建人类文明共同体。“一带一路”倡议，就是要弘扬“和平合作、开放包容、互学互鉴、互利共赢”的丝路精神，为古老的丝绸之路注入新的时代内涵！

尊敬的各位嘉宾，各位朋友，本次论坛由中国石油集团经济技术研究院和印中经济文化促进会（ICEC）首次联合举办。ICEC是促进中印经济文化交流与合作的重要组织机构，是在“印度制造”与“一带一路”倡议下促进中印两国经贸合作业务开展最活跃的组织之一。中国石油经济技术研究院作为中国国家高端智库建设试点单位以及中国石油直属科研机构，承担着为国家能源战略和政策制定、中国石油生产经营决策提供支持和服务的责任。两家机构此次合作举办“文明古国能源合作智库论坛”，就是为了充分发挥在各自领域的研究优势和影响力，并与各政府部门、石油公司、智库以及科研机构一道，从文明古国的文化视角，站在“一带一路”倡议的全球高度，聚焦油气市场，洞察发展趋势，发现文明古国的新机遇。我们期望各位嘉宾在一天的研讨中，能够立足当前、着眼长远，共同研判大势；广泛交流、互通有无、碰撞出思想的火花；从悠久的文化遗产中发掘解决当今难题的智慧；通过加强不同文明间交流互鉴，共同推进人类文明进程；通过促进互利合作，实现共同发展振兴。我们相信，“文明古国能源合作智库论坛”能够成为我们加强了解、增进友谊、促进合作、互利共赢的一个新平台，不断取得丰硕成果；可以为共建“一带一路”提供思想和文化支持和助力，共建一条“智力丝绸之路”。

“新月河间种社稷，金字塔下兴曙光。恒河诸国如沙数，华夏文明万世传。”让我们携起手来，共同谋划丝绸之路经济带油气合作的大时代、大布局、大战略，共同创造丝绸之路经济带更加美好的明天！

最后，预祝“文明古国能源合作智库论坛”圆满成功！祝各位朋友工作顺利、身体健康！

谢谢大家！

（彭盈盈根据发言录音整理）

开幕式致辞

默罕默德•萨奇夫　印中经济文化促进会秘书长

大家好！

早上好！

今天，非常荣幸能够与各位能源界的杰出人士共同出席“文明古国能源合作智库论坛”。我代表印中经济文化促进会（ICEC）感谢中国石油集团经济技术研究院为我们提供了此次共同组织论坛的机会。印度方面非常重视此次论坛，派出了强大的代表团，包括政府、智库、私营能源公司和国际能源公司等各个能源领域的代表和专家。因此，本次会议将为各位提供一场关于印度能源形势和趋势的“饕餮盛宴”。

我不是能源领域的专家，今天只想谈谈我们之间的能源合作。文明古国间的国际合作意义非凡，尤其对于印度，与中国和其他文明古国开展合作是非常重要的。因此，我认为本次论坛恰逢其时，是个非常好的开端。感谢中国石油集团经济技术研究院李建青院长邀请我们共同举办本次论坛，同时感谢中国石油天然气股份有限公司黄维和副总裁莅临并给予大力支持。

我们大家都担心未来的能源安全，各个国家也都渴望保障能源安全，因此需要加强国家间的能源合作，特别是印度和中国之间的能源合作。其实，我们一直谈论能源合作可以促进能源安全和能源发展，却没有真正付诸实践。基于此，我们需要开展务实合作，弥补这块空白，而且黄维和先生作为中国石油集团的领导和中国工程院的院士，也会给出一些合理建议。正如中国的邓小平先生所说，下一代人会比我们这一代人更聪明，他们会比我们做得更好。因此，我建议，只要我们能做到的事，现在就应该做。

与会五国中既有能源消费大国，如印度和中国，也有能源生产大国，如伊拉克和伊朗。作为能源消费大国，印度和中国必须为现在和未来的能源安全进行合作。众所周知，印度能源短缺，需求巨大，存在重大的能源问题。而中国已在一些传统能源和新能源领域取得有目共睹的进展。通过两国之间的能源合作，不仅可以增进两国人民的福祉，还可以从战略的高度促进两国的友谊。我相信，这个论坛可以为我们的政府、企业和研究机构提供众多具体建议。我希望能看到有更多的能源合作，造福两国人民。

中国是世界大国，也是亚洲的领导者。无论是在能源还是在其他领域，在帮助其他国家时，中国都要承担更多的责任。目前，中国正在帮助许多国家开展经济建设，难免会牺牲部分利益，但大国牺牲部分利益以帮助小国发展经济，这是国际上通用的做法，我非常认同中国的这种做法。非常感谢习近平主席提出的加快中印两国合作的重要声明，我们作为各自国家的代表，都应该加快研究合作内容，并积极向政府提出相关建议，加快推动两国之间的能源合作。作为全球巨大经济体、亚洲领导者，中国将促进合作与友谊，增进社会及人类福祉。

在这里，再次感谢中国石油经济技术研究院李建青院长和刘朝全副院长给予我们此次机会。预祝本次论坛取得圆满成功！祝所有参会嘉宾参会愉快！祝论坛取得丰硕的成果！非常感谢！

（李哲根据发言录音整理）

论坛发言

中国能源革命战略及其对油气市场的影响

白　俊　中国国家发改委国际合作中心国际能源研究所执行所长

一、中国能源革命背景及原因

（1）中国对能源的需求逐步降温。从2001年至2005年的“十五”期间，中国能源消费增长率特别突出，和中国加入世界贸易组织后贸易和经济快速增长直接有关，从2006年至2015年的“十一五”和“十二五”期间，能源需求增长率呈下降趋势，预计2016年至2020年的“十三五”期间中国能源需求增长率仍将维持下降趋势（见图1）。能源需求减速有两个方面的原因：一是中国经济发展进入新常态，经济发展由高速度增长阶段向高质量增长阶段转变，传统高能耗重工业发展减速，经济驱动力开始转向新兴高附加值工业和服务业；二是能源使用效率不断提高，节约能源资源的践行不断深入。

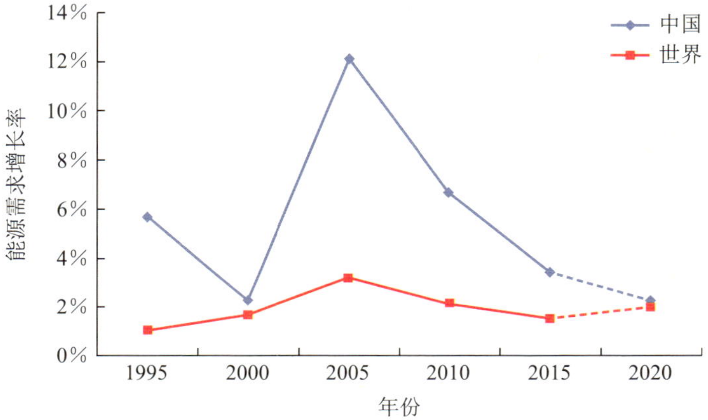

图1　1995—2020年中国及世界能源需求增长率变化

能源消费弹性系数和电力消费弹性系数总体上呈下降趋势(见图2)。但从世界范围来看,中国能源消费强度还是比较高的,中国提高能源利用效率和节约能源的空间依然很大。

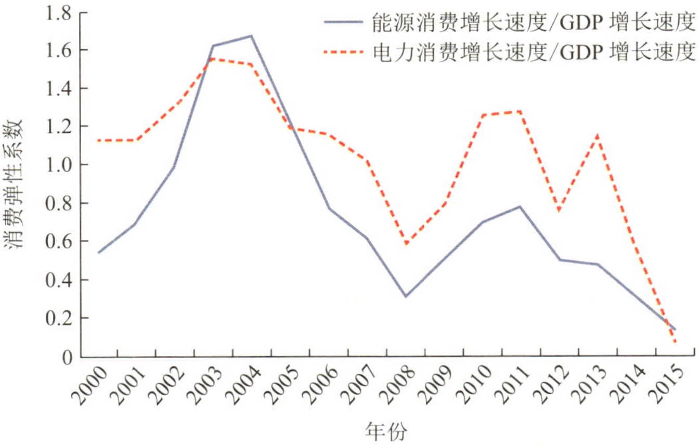

图 2　2000—2015 年中国能源和电力消费弹性系数

(2)保障国家能源安全、提高能源使用效率、改善空气和环境质量、积极履行国际责任是中国进行能源革命的主要动因。从能源安全方面来看,中国超过三分之二的石油消费依赖进口,超过三分之一的天然气消费也需要进口,预计未来进口依存度还会有所提高。从能源使用效率方面来看,目前中国单位 GDP 能耗在世界上仍然处在较高的国家之列,还存在较大的下降空间。从环境方面来看,空气等污染导致人民生活环境质量下降,这和能源消费有一定的关系,人民群众对改善空气质量的期望和呼声很高。从履行国际责任方面来看,中国是一个负责任的大国,积极关注全球气候变化,已经签署巴黎协定,承诺将进一步提高非化石能源使用的比例,到 2030 年或提前实现碳排放到达峰值。2020 年中国非化石能源消费的比重将提高至 15%,2030 年再提高到 20%。根据目前情况来看,非化石的占比目标都可能会提前实现。此外,可再生能源发展技术日新月异,加上美国页岩油气革命带来了全球能源和地缘政治格局变化,存在不确定性和风险，给我国的能源发展带来了新的挑战，当然其中也蕴含着一些新的机遇。因此，中国能源部门需要进行一场深刻的变革，采取强有力的行动，才能保证我国在能源发展和能源安全上的主动性，否则一些困难难以克服，这就是要把能源变革提升到革命高度的意义所在。

二、中国能源革命战略思想和目标

（1）中国能源革命战略的核心思想是“四个革命一个合作”，即消费革命、供给革命、技术革命、体制革命和全方位加强国际能源合作五个方面的内容。消费革命是指能源消费方式的根本变革，核心任务是提高能源使用效率；供给革命的核心是大力提高低碳清洁燃料在能源供给中的比重；技术革命主要是通过技术创新和突破，提高清洁燃料供给，提高能源使用效率，并助力经济转型升级；体制革命的重点是加快能源领域竞争性环节的市场化改革，加强对垄断环节的有效监管，回归能源商品属性；全方位加强国际能源合作是指要深化与各国能源合作的长期互利共赢关系，这包括“一带一路”倡议下的合作。能源革命战略目标是要建立一个清洁低碳、安全高效的能源体系。

（2）一个清洁低碳目标，两个不同发展故事。从世界及中国一次能源消费结构现状和趋势来看，可以总结为“一个目标，两个故事”。中国和其他国家在发展目标上基本相同，即增加清洁低碳能源消费，减少高碳化石能源消费。预计全球天然气及可再生能源加核能在能源消费中的比例总体上都将上升，石油和煤炭在消费中的比重将趋于下降（见图3、图4）。但是，中国和全球也有差别，是两个不同的发展故事。全球能源消费以油气为主，中国的能源消费以煤炭为主。中国要减少对煤炭的过度依赖，向清洁低碳能源转变，需要付出的努力会特别多，代价也会特别大。

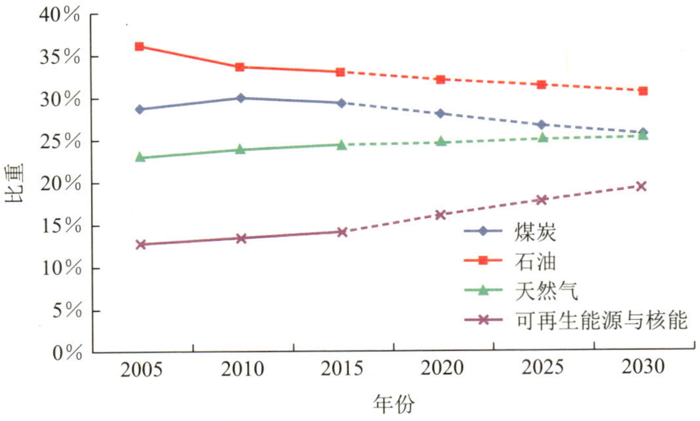

图 3　世界一次能源消费结构及展望

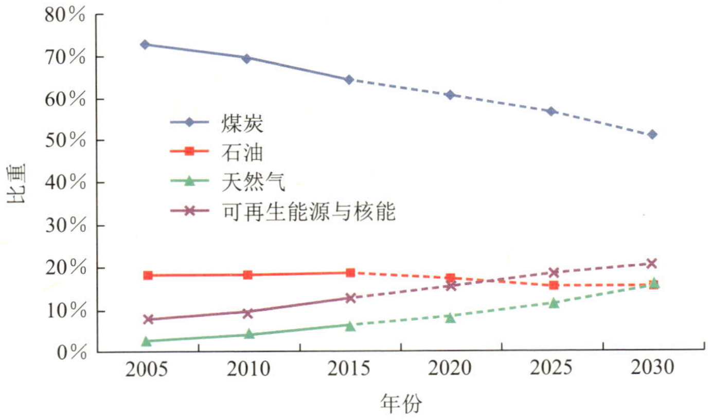

图 4　中国一次能源消费结构及展望

三、中国能源革命战略的重点行动方向

（1）通过消费革命，实现节能减排目标。消费革命的目标是控制能源消费，降低能源消费强度和碳排放强度。“十二五”的目标已经实现（见表 1），预计“十三五”的目标也能实现，有的目标应该完成得好于预期。

（2）通过供给革命，建立清洁低碳的能源供给体系。由于中国对煤炭的依赖程度非常高，煤炭的主体能源地位在相当长的时期内难以撼动，因此煤炭清洁化利用仍然是一篇大文章。同时，大力增加可再

表1 中国能源消费目标

年 份	2015	2020	2030	2050
年度能源消费/10亿吨标煤	4.3	<5	<6	稳 定
非化石燃料占比	12%	15%	20%	>50%
二氧化碳排放强度减少	20%（比2010）	18%（比2015）	60%～65%（比2005）	—
能源强度减少	19.7%（比2010）	15%（比2015）	—	—

生能源利用，尽快降低其使用成本，使清洁低碳能源首先成为能源消费增量的主体。优化能源生产布局，建立更加灵活、智能、高效的能源供给系统。

（3）通过技术革命，在多个领域取得突破，重塑能源市场格局。在可再生能源、非常规油气、清洁煤、储能及燃料电池、核能、能源互联网、能源节约等领域的技术或模式创新可能会带来意想不到的重大变化，进而对能源市场格局产生重大影响。政府应支持技术创新研发的制度性建设，营造良好氛围。好的能源节约技术、能源开发和利用技术、智能技术也需要合适的推广普及机制。国家已经出台能源技术革命行动路线图，可以作为市场主体的参考材料。

（4）通过体制改革，建立竞争性市场结构和高效的市场监管机制。体制改革包括在上、中、下游可以竞争的环节引入新的竞争者，在需要管控的自然垄断环节加强管控，强化市场公平竞争机制建设，完善反垄断能力和机制建设，加速国有企业改革，转变政府机构职能和作用等。调整和优化中国的能源监管体系也很重要。

（5）通过全方位国际合作，建立消费国与生产国双赢的国际合作体系。主要包括建立多样的、稳定的油气供给来源，在“一带一路”倡议框架下加强能源供需合作，加强能源装备、技术和服务方面的合作，积极参与国际能源治理等。中国和印度现在是世界能源消费增长的引擎，要确保国际能源体系对新兴消费国公平公正。对于中东、非洲和其他地区的能源生产国，也要让其长期利益得到保障，实现双赢。

四、中国能源革命战略对油气领域的影响

油气行业是中国能源的重要组成部分，国家能源革命战略对油气行业发展格局有很大影响，油气行业的发展反过来也会对国家能源革命战略的实施产生作用。按照“四个革命一个合作”的能源革命战略要求，预计油气行业会有如下变化发生：

第一，道路、水运和海运的燃油经济标准会越来越高；另外，交通运输燃料清洁化的要求也会导致“电代油”的情况增加。

第二，虽然中国油品质量升级的速度大大快于很多发达国家，但燃油质量的要求会不断提高，炼油厂面临持续的升级发展压力。

第三，油气市场竞争性环节逐步开放，新进入者将在上游和下游获得更多的发展机遇，同时也会面临技术和商业等挑战。

第四，国家石油公司管道和储备资产或面临分立，同时政府也会加强对这些中间环节的监管。

第五，油气管道运营和油气销售分离，出现新的商业运作模式。

第六，油气价格进一步放开，市场交易主体进一步增加，出现油气衍生品交易。

第七，跨国油气管道的互联互通性增强。中国未来也有油气出口、中转及储备设施对外租赁的潜力。

第八，在促进气与气竞争、天然气价格和油价脱钩以及全球天然气市场一体化方面，中国拥有亚洲最佳的潜在条件。因此有必要通过加大市场改革力度，发挥中国在天然气市场的影响能力。

最后简要总结一下主要观点：

第一，中国能源需求已经失去了原有的动力，但能源领域的深刻变革仍然有必要。

第二，中国能源革命战略表明了政府对建设一个清洁未来社会的决心。

第三，改变中国能源结构和去碳化面临严峻挑战。

第四，油气领域改革带来的机遇与挑战并存。

第五，在推动培育亚洲天然气基准价格上中国具有独特优势。

（免责声明：此次演讲涉及的观点仅代表本人看法，并非国家发改委官方立场，对演讲涉及内容的准确性，不作任何保证或承诺，仅供参考。）

（王莹根据发言录音整理）

印度经济发展和能源消费

萨翁·雷　印度国际经济关系研究委员会高级研究员

一、经济增长与能源消费的关系

1. 环境对经济增长的影响

能源消费和经济增长基本上是能源强度问题，能源强度要看物理能源的变化，这个变化是单位国内生产总值所需消耗的能源和单位产值所需消耗的能源。可以通过多种方式提高能源效率来改善能源强度，但也面临一些问题。例如，过去有许多国家对化石燃料实施了补贴，这些补贴扭曲了价格。如果征税则会提高能源价格，还会面临温室气体排放问题。我们需要从根本上进行创新，用天然气发电，这样一个国家可以提高能源效率，这就是反弹效应。关于能源消费与经济增长之间的关系有三种观点：一是环境因素对经济增长没有影响，经济可以无限发展；二是环境因素的限制会拖累经济的发展；三是环境的限制对于阻止产量和消费的可持续增长具有重要意义。所有这些环境因素都将影响环境质量与国民生产总值之间的关系。

2. 环境库兹涅茨曲线理论(EKC)

这一理论认为，环境质量和人均国民生产总值之间呈现倒U形曲线关系。但经济增长会改善环境质量吗？从世界范围内来看，EKC理论较为有效。但也有一些反对者认为，EKC理论并不适用于世界上所有的国家和所有的污染物。

3. 能源消费影响经济增长，还是经济增长影响能源消费

如果把能源消费和经济增长统一起来看，经济增长对环境有一定的影响。但人口增长是推动能源需求增长的最主要的影响因素，随着人口增长，能源需求预期也将增长。那么问题就变成了：一个国家现在的能源结构是什么？随着人口变化，预期的能源需求将如何变化，如何满足这些需求？关键的问题是这些国家将使用何种燃料发电以满足快速增长的能源需求，因为燃料的选择异常重要，这将决定温室气体的排放量。相反，温室气体排放量也将决定其他燃料的选择，这也将影响经济增长。随着人口增长，能源需求也将增长，温室气体排放也将增长。

二、印度面临的问题和挑战

1. 印度能源统计

2016 年印度人口为 13. 24 亿。印度虽然并不是世界上人口最多的国家，但促进了世界的能源消费。根据 2017 年 BP 世界能源统计，中国和印度是世界上经济发展和能源消费增长最快的国家。根据 IEA 的报告显示，预期 2015—2040 年全球能源消费增长量将达到 102 千兆英热单位，其中的一半以上将来自于中国和印度。

2. 印度能源背景

目前，印度的人均年电力消费较低，约是世界人均电力消费的 1/3，主要依赖热力发电，正在向太阳能和风能发电转变。印度目前的电力需求为 7 760 亿千瓦时，预计 2030 年将增至 2. 499 万亿千瓦时，这将需要发电 2. 940 万亿千瓦时（假定电力传输损失量为 15%）。2005—2012 年，印度每年净发电量增长率为 6%。根据 2016 年 IEA 的数据显示，2012 年，印度的发电量为 10. 52 亿千瓦时，预期 2040 年将增加至 2. 769 万亿千瓦时，将成为世界上发电量增长最快的国家。

3. 印度主要的能源政策目标

在制订“十二五”发展规划之前，印度政府已经认识到低碳发展、保证能源安全、减少对进口能源的依赖以及减少对气候变化影响的重要性。

4. 印度能源发展现状

根据2015年IEA统计，2013年，印度的二氧化碳排放量约为1.5吨/（人•年），低于美国和中国的16.2吨/（人•年）和6.6吨/（人•年）（见表1和表2）。

表1　2013年印度、中国、美国各行业二氧化碳排放量　　百万吨

国　家	燃料消费的二氧化碳总排放量	电力和热能产量	其他能源以及自耗	制造业和建筑业	交通运输业	其中：公路	其他行业	其中：民用
印　度	868.6	944.6	43.1	492.9	222.3	206.4	165.7	87.2
中　国	8 977.1	4 386.2	367.4	2 805.8	753.7	611.2	664.1	329.8
美　国	5 119.7	2 128.3	282.5	422.11	700.81	444.9	586.1	322.9

表2　2013年印度、中国、美国各行业人均二氧化碳排放量　　千克/（人•年）

国　家	燃料消费的二氧化碳总排放量	电力和热能产量	其他能源以及自耗	制造业和建筑业	交通运输业	其中：公路	其他行业	其中：民用
印　度	1 495	756	34	394	178	165	133	70
中　国	6 601	3 225	270	2 063	554	449	488	243
美　国	16 178	6 725	893	1 334	5 374	4 566	1 852	1 020

（印度能源产量/供应中各种燃料所占比例见表3。）

表3　印度能源产量/供应中各种燃料所占比例　　%

能源种类	2000—2001财年		2011—2012财年	
	商业产量	商业供应量	商业产量	商业供应量
煤炭和褐煤	66	50	69	54
原　油	16	38	12	32

续表 3

能源种类	2000—2001 财年		2011—2012 财年	
	商业产量	商业供应量	商业产量	商业供应量
天然气	12	9	13	10
水　电	3	2	3	2
核　电	2	2	3	2
可再生能源	0.1	0	2	1

5. **印度能源发展远景规划**

印度新能源和可再生能源部的太阳能城市计划：在确定的 60 个城市发展太阳能；建立国际太阳能联盟（该联盟正在建立过程中，已经发起了按比例发展太阳能以及获取低成本融资的工作计划）；私营部门正在投资印度的可再生能源开发项目。

（印度能源发展远景规划见表 4。）

表 4　印度能源发展远景规划

可再生能源来源	安装能力	发展潜力	目标（2022 年）
风　能	237.6 亿瓦	1 000 亿瓦	600 亿瓦
太阳能	40 亿瓦	7 500 亿瓦	1 000 亿瓦

6. **印度能源行业面临的挑战**

2005 年以来，印度经济增长的能源强度呈降低趋势。但印度能源行业的发展仍面临一些挑战，如：城市的穷人以及农村人口难以获取能源；对进口能源依赖度高；发展可再生能源面临挑战（涉及知识产权、技术、存储、融资机制、土地的有效性、成本控制以及销售公司的健康发展等）；燃料补贴和税收；国内能源利用效率以及工业化应用，与其他发展中国家相比，印度的能源强度较高。

三、印度低碳发展途径

经济发展受多种因素的影响，包括生产力、人口变化、能源消费、支持人口增长的能源需求和碳排放等。

1. 印度发展低碳的途径

第一，减少煤炭消费，逐步增加天然气和可再生能源消费；第二，实现减排目标；第三，对农业进行评估；第四，提高各行各业的能源效率，包括运输、工业、水利、农业、电力以及民用等；最后，降低铁路的碳排放。

2. 中印合作非常重要

目前，不管在常规能源领域，还是在新能源领域，在技术方面，印度都发挥了非常重要的作用。而中国已经在相关技术方面取得了较大的进步，因此，中国与印度在技术方面的合作以及能源领域的技术转让将有利于两国的发展。

（尚艳丽根据发言录音整理）

伊拉克油气对外合作

沙巴赫•萨伊迪　伊拉克石油部长法律顾问

伊拉克是世界文明古国之一，在历史长河中，伊拉克文明曾盛极一时，在国家治理、法律、建筑、艺术、贸易、交通等多个领域领先世界。同时，伊拉克还是世界重要产油国，目前共有345家外国石油公司在伊拉克石油领域投资。

一、伊拉克石油工业发展历史

苏美尔时期，伊拉克首次发现石油。石油最初被用于道路、轮船、机械装备等领域，直至20世纪新技术飞速发展，才得以大规模开采利用。奥斯曼帝国时期，伊拉克计划进行大规模石油开采，并与多个公司签订石油开发协议，成为继伊朗之后中东第二个与国际石油公司签订石油合作协议的国家。石油开采活动曾在一战期间暂停，战争结束后，国际石油公司恢复与伊拉克政府的谈判，签订了多个合作协议。1972—1975年，伊拉克国家直接投资法案出台，所有合作协议被终止。

伊拉克石油部于1959年成立，目前拥有19个下属公司，每个公司均被授予可以与外国投资者签订合作协议的权利。1964年伊拉克国家石油公司（INOC）成立，1967年根据国家法律，授予INOC独立开采伊拉克油气资源的权利。1987年，INOC与石油部合并。目前伊拉克议会正就INOC重组问题进行商议。

1997年，伊拉克石油部与绿洲石油公司、卢克石油公司分别签订艾哈代布油田和西古尔纳油田（2期）产量分成合同，这是伊拉克签订的首个产量分成合同。其中，艾哈代布油田合同于2008年变更为技术服务合同，西古尔纳油田（2期）合同于2003年取消。2000—2003年期间，伊拉克推出石油服务合同，并与越南、印度和印度尼西亚的国家石油公司，以及保加利亚和俄罗斯公司的联合体签订了阿玛拉油田、8区块、3区块和4区块的开发合同。这些合同曾遭到暂停，目前合同重启工作正在商议之中。2004—2008年间，伊拉克与外国石油公司共签订了40多份油田开发合作备忘录，由外国公司承担油田开发相关费用，项目额度从几百万美元到数千万美元不等。备忘录中还包括联合技术研究、技术咨询、培训等内容。所有这些备忘录已于2008年到期。

2007—2008年，伊拉克政府启用技术服务合同，以解决在产油田产量下降问题。由于与外国公司就油田开发等问题未达成一致，伊拉克政府计划重新进行招标。招标前，伊拉克石油部成立了石油合同与许可证出售理事会（PCLD），专门负责外国公司的资格审核、起草石油合同和法规范本、上游招标、已签订合同的变更及技术服务合同执行情况跟踪等。由于伊拉克油气法案并未出台，招标时参照宪法和国家公司法等相关法律。招标过程为：收集油田数据，路演，外国公司购买油田数据，与外国公司举行谈判，发布最终合同模板和最终招标草案，招标，签订合同。整个招标过程遵守公开、透明、竞争、清晰的原则。

在2008年第一轮招标中，共推出6个在产油田和2个未开发气田，包括鲁迈拉油田、西古尔纳油田（1期）、祖拜尔油田、米桑油田、基尔库克油田、巴伊哈桑油田、阿卡斯气田和曼苏里耶气田。共120家公司申请招标前资格审核，其中35家公司获得投标资格许可。首轮招标最终签订了4份油气田开发服务合同，包括BP和中石油（中国石油天然气股份有限公司）中标鲁迈拉油田，埃克森美孚和壳牌中标西古尔纳油田（1期），埃尼、西方石油和Kogas公司（韩国天然气公司）

中标祖拜尔油田，中海油（中国海洋石油有限公司）和土耳其国家石油公司中标米桑油田。

在2009年第二轮招标中，共推出10个已发现但未开发的油田，包括哈拉夫油田、马吉努油田、西古尔纳油田（2期）、哈法亚油田、巴德拉油田、奈季迈油田、凯亚拉油田、巴格达东部油田和幼发拉底地区的油田等。共38家公司申请招标前资格审核，其中10家公司获得投标资格许可。此轮招标最终签订了7份油气田开发服务合同，包括壳牌、马来西亚国家石油公司（以下简称"马国油"）和中石油中标马吉努油田，道达尔和马国油中标哈法亚油田，安哥拉国家石油公司中标凯亚拉和奈季迈油田，卢克石油公司和挪威国家石油公司中标西古尔纳油田（2期），马国油和日本石油勘探公司中标哈拉夫油田，俄气（俄罗斯天然气工业股份公司）、韩国天然气公司、马国油和土耳其国家石油公司中标巴德拉油田。

此后，伊拉克又举行了两轮招标。在第三轮招标中推出多个未开发气田，共49家公司参与竞标，并签订了3份合作协议，包括科威特能源公司、土耳其国家石油公司和埃及国家石油公司中标锡巴气田，韩国天然气公司中标阿卡斯气田，土耳其国家石油公司、韩国天然气公司和科威特能源公司中标曼苏里耶气田。第四轮招标推出12个区块，但对合同模式做了修改，改用勘探开发生产服务合同（EDPSC）。最终签订了4份合作协议，包括PPLC公司中标8区块，科威特能源公司和Dragon石油公司中标9区块，卢克石油公司和日本国际石油开发公司中标10区块，巴什石油公司和Premier石油公司中标12区块。经过以上多轮招标，伊拉克与来自15个国家的22家国际石油公司和17个承包商签订了合作合同。油气合同的签订为提高伊拉克油气产量、增加就业、提高当地员工的职业技术水平和学习先进技术提供了机会。

2013年，伊拉克南方天然气公司（51%）与壳牌（44%）合作，与三菱公司合资成立巴士拉天然气公司。此外，韩国现代集团承包伊拉克卡尔巴拉炼厂建设。

二、机会与挑战

1. 投资机会

一是伊拉克计划再次推出9个油气田招标，而且招标时间即将公布。二是伊拉克政府正与多家外国石油公司就部分项目的合作事宜进行商议，包括与4家外国石油公司商议纳西里亚综合项目，与中国振华石油公司商议东巴格达油田开发项目，与中石油和埃克森美孚商议 Ibn Umer 油田和 Artawi 油田开发项目。

2. 挑战

伊拉克石油部高度重视签证、通关、安全、税收等影响外国石油公司在伊拉克项目运营的诸多问题，未来将出台更多措施为外国投资者提供便利。

（孙黎根据发言录音整理）

伊朗油气发展机遇

马基德•穆罕迈迪　伊朗国际能源研究院国际事务副主任

一、全球油气前景展望

未来 15 年，全球人口将不断膨胀，达到 80 亿，能源消费也将随之不断上升，以每年 1.5%的速度增长。尽管非化石能源快速发展，但是未来 15 年仍难以满足需求的快速增长。能源对于人类发展和经济发展都有推动的作用，为了满足能源需求的增长，我们需要做出更多的努力。

在新政策情景下，到 2040 年，中国仍将是全球第一大煤炭消费国，中国对于石油的需求会超过美国（见图 1）。2040 年，印度将成为

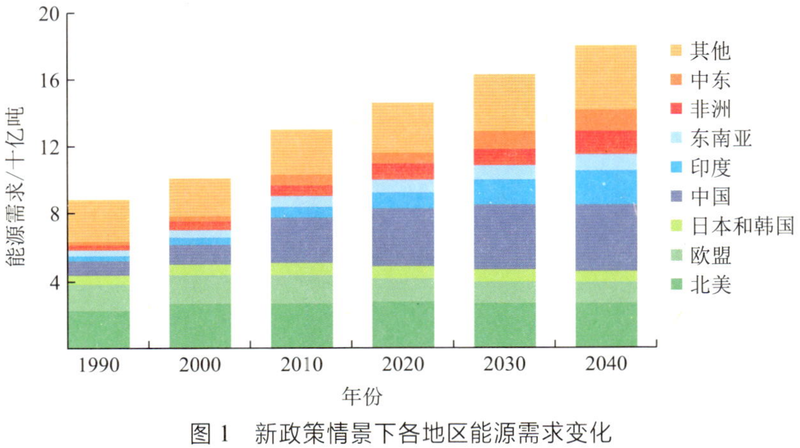

图 1　新政策情景下各地区能源需求变化

资料来源：IEA

最主要的石油消费国，美国仍是第一大天然气消费国，中国、欧盟和美国仍然是可再生能源市场最主要的参与方。在核能消费方面，中国将在2040年超过欧盟。2014年到2040年，全球一次能源消费量仅增长1%，可再生能源的年增长率非常高，其次是核能。

二、伊朗国家概况

伊朗是世界石油大会、OPEC（石油输出国组织）和GECF（天然气输出国论坛）等多个全球重要油气组织的创始国之一，致力于负责任地管理所拥有的油气资源。人类社会的发展离不开化石燃料的开发。未来几十年，伊朗将着力推行新的经济政策，改革补贴政策，促进燃料消费的最优化和标准化，改变过于依赖石油的能源消费模式，同时加快大型油气项目的开发，这将有助于向全球提供更多燃料，满足日益增长的全球能源需求，确保全球油气市场的稳定。我们相信，一个国家在面临这些挑战时，任何解决方案都要基于有效的、可持续的和动态的基础，寻求公平的合作。

伊朗是全球第18大经济体，拥有8 000万人口，正在向年轻化、城市化方向发展。伊朗自然资源丰富，是一个多元化的经济体。实际上，在中东产油国中，伊朗对石油和天然气的依赖程度最小，石油天然气收入仅占GDP的23%。营业收入超过50亿美元的伊朗公司有20多个，其中只有6个是石油天然气公司。

伊朗致力于建立一个更具吸引力、更稳定的经济环境。一是控制通胀，通胀率从2013年的45%降到2015年的10%；二是严格控制财政赤字，2014年政府赤字约占GDP的1%；三是降低石油收入在国家预算收入中的比例，从2013年的43%降到2015年的29%。伊朗是重要的油气供应国，要努力寻求多元化的市场，而国际大石油公司和国家石油公司都在寻找更安全、多样化的能源供给来源，以及更有效、便捷和低成本的能源获取途径，这就是互赢双赢合作的基础。

三、伊朗的优势和机会

1. 伊朗拥有十分重要的地理位置和战略地位

伊朗南部 1 800 多千米的海岸线将伊朗同波斯湾和阿拉伯海连在一起，与 15 个国家接壤且临近公海，使得伊朗成为合适而安全的油气供应国。伊朗投资风险较低，具有较强的油气开发和生产能力、安全的设备和管道、低廉的劳动力、较好的项目盈利能力以及低于 10 美元 / 桶的石油生产成本。

2. 伊朗在油气领域的潜力

伊朗油气储量按当量计算位居全球第一，石油储量高达 1 750 亿桶，天然气储量为 34 万亿立方米。

3. 伊朗经济环境稳定

首先，伊朗经济稳定，政府提供直接投资担保；其次，伊朗的石油天然气资源充足，价格实惠；第三，在一些未开发和经济自由区可享受额外的投资优惠，避免投资者之间任何歧视行为。

4. 伊朗第六个五年发展计划(2016 年到 2020 年)中重要的油气政策

这些政策包括：出口目标市场多样化；通过管道和液化天然气增加天然气出口量，将占伊朗天然气产量的 10%；增加原油和石油产品的“互换”；伴生气放燃量减少 50%；炼厂燃料油产量下降 10%；炼油能力提高到 300 万桶 / 日；油田采收率至少提高 1%；原油和凝析油产能提高至 570 万桶 / 日；天然气产量提高至 13 亿立方米 / 日；石化产品产值增长至 800 亿美元；促进各部门能源效率和燃料消费结构的最优化。2016 年到 2020 年伊朗油气行业的投资需求为 1 850 亿美元，包括油气上游投资850亿美元、石油下游投资100亿美元、天然气下游投资100亿美元、石化投资800亿美元。

5. 伊朗新石油合同模式的主要目的

伊朗是中东地区重要的经济体，希望各国投资者可以选择在伊朗油气领域进行投资。伊朗拥有丰富的油气资源，这些资源不仅属于伊朗，也属于全世界。为确保全球能源安全，首先我们必须确保资源富集地区的安全，比如伊朗、伊拉克等国家。我希望本次论坛能重视这些区域和相关议题，也期待着通过我演讲的这些话题，能够引起大家对于合作的期待，能够给各个机构之间带来更多的联络和探讨的机会，并形成广泛的长期合作。

四、结　语

国家间需要加强合作，以适应全球化和行业以及技术的快速发展。我们的合作目标是能够获得多边的效益，这是我们未来开展合作的明确方向，它也将对各国的能源政策产生积极影响。关于国际合作，我们需要更多像今天这样的论坛，探讨能源领域的热点话题以及将来可能进行的一些相关的培训。

我希望本次论坛的参会人员能够在能源政策、经济和管理等领域形成双边和多边合作。伊朗是世界最大的油气资源国之一，已经跻身全球十大石油生产国、五大天然气生产国。

我们都来自文明古国，也是最主要的能源消费国。我相信通过大家的共同努力和承诺，我们能够形成更紧密的联系，获得可持续的发展，让世界再一次为我们的文明古国而骄傲。

（孙依敏根据发言录音整理）

埃及经济发展与能源政策

希沙姆•阿布巴卡尔　埃及对外贸易和工业部进出口政策中心

首席研究员

一、埃及经济和能源发展面临的问题

2011年1月以来，埃及的经济发展状况每况愈下，经济增速降至2.5%，失业率高达13%，通胀呈两位数增长。在能源领域，能源极度短缺成为影响经济和民生的主要问题。因无法满足交通、基础设施建设等领域的能源消费需求，引发了民众强烈不满。埃及政府对此高度重视，并通过进口中东同盟国的油气资源满足国内消费，缓和民众情绪。但外汇短缺成为能源进口的主要障碍。埃及年贸易逆差高达200亿美元，受政局和安全形势动荡影响，外国直接投资额大幅下降，旅游业濒临崩溃。此外，埃及中央银行的货币保值政策进一步使外汇储备下降了近50%。对此，阿联酋等盟国向埃及伸出援助之手，不仅向其出口油气，还提供资金支持，通过贷款等方式帮助埃及解决燃眉之急。经济发展和能源安全成为埃及政府亟须解决的问题。

二、经济政策和发展规划

2011—2013年，埃及历届政府并未出台有效的经济改革措施。2014年塞西政府上台后，着手解决经济发展问题。首先，于2014年7月实施取消补贴政策，提高燃油和电力价格。由于民众十分依赖医疗和交通补贴，因此国家补贴支出仍占较大比例，占国内生产总值的8.5%。第二，建设多个超大型项目，改善国家基础设施条件。包括扩建苏伊士运河、兴建新首都、建造100万栋家住房屋等。其中，苏伊士运河扩建项目由埃及国内投资者承建，预计一年内完工，花费90亿美元。第三，实施汇率自由化机制，以促进经济发展，提高外汇储备，吸引外资，增加出口，实现贸易收支平衡。

得益于政府在基础设施领域的投资，近两年埃及电力、通信、建筑等行业对GDP的贡献率最大。但旅游业仍十分低迷，2015年旅游收入仅占国家总收入的7.3%。从外资结构来看，油气行业占比最大，占总投资的53.5%。在能源短缺的形势下，油气领域仍是埃及未来发展的重点。从进出口的国家分布看，欧盟、阿拉伯和亚洲是埃及主要的贸易伙伴，埃及十分愿意与亚洲国家长期保持贸易合作伙伴关系。

未来埃及政府将继续致力于经济发展多样化，提高市场自由竞争水平，吸引更多私人领域资金，创造更多就业机会，推动经济持续稳定增长。到2030年，埃及计划使平均经济增速达到7%，外资投资额增长30%，将服务业对GDP增长的贡献率升至70%，出口增速达到25%，失业率降至5%。

三、能源政策和发展规划

1. 油气行业

埃及北邻能源消费中心欧洲，东邻能源生产中心阿拉伯海湾地区，是连接能源生产和消费市场的重要枢纽，拥有得天独厚的地理优势。同时，埃及本国油气资源丰富，开发潜力较大，还拥有管道、LNG生产厂等基础设施，未来有望成为地区能源贸易中心。为实现该目标，2016年10月埃及能源最高委员会通过了2035年能源可持续发展战略，并计划加强与欧盟的能源合作。2017 年 7 月，埃及众议院通过天然气法草案，意在建立天然气法律法规，规范天然气市场，加强管控，促进天然气行业快速发展。同时，草案还提出天然气改革措施，包括建立提高天然气价格竞争力机制、建设天然气管网系统等。2017 年 5 月，埃及政府颁布新投资法，出台诸多优惠政策，吸引外资。2013 年以来埃及已与外国公司签订了 83 个油气合同，到 2017 年末还将签订 10 个新的油气合同。

2017 年 2 月，在埃及首都开罗召开的国际油气大会和展览上，埃及总统塞西在开幕式演讲中明确表示，埃及经济发展离不开油气等矿产资源，能矿行业是帮助埃及人民摆脱困境的主要领域。埃及于 2015 年 8 月发现 30 万亿立方英尺的天然气气田，该气田将于 2018 年投产，届时能够满足埃及未来 10 年的天然气消费需求，多余的天然气还可供出口。

2. 电能

随着电力生产能力的增加，目前埃及电力产能为 1 863 亿千瓦时，电力消费为 1 553 亿千瓦时。埃及政府正开始实施电力节约计划，为政府和住宅安装 LED 节能灯，预计将节省约 11.24 亿千瓦时电力。埃及未来的目标是不仅满足国内消费需求，还将实现电力出口。

3. 可再生能源

根据埃及可再生能源发展战略，到 2022 年埃及可再生能源发电比例将提高至 20%，其中水力发电占 6%，风能发电占 12%。政府计划利用私人投资新建发电站，将总装机容量提高至 7 200 兆瓦。

在风能领域，埃及 2015 年风能发电量为 20.58 亿千瓦时，未来苏伊士湾和西尼罗河地区将新建发电能力为 250 兆瓦的风力发电厂。在太阳能领域，2015 年太阳能发电量为 1.68 亿千瓦时，未来在康翁波（Kom Ombo）将新建 200 兆瓦的太阳能发电厂，西尼罗河地区将新建

200 兆瓦的光伏发电厂和 100 兆瓦的太阳能热能中心。随着可再生能源电力行业的快速发展，埃及有望成为地区电力枢纽。

（孙黎根据发言录音整理）

印度能源政策

戈帕尔•克里什纳•萨朗吉　印度能源与资源研究所助理教授

当我们谈到印度的能源国际合作和能源政策时，往往会重点关注印度的能源政策如何推进国际能源合作。因此，为更好地探讨印度能源国际合作，我们最好对印度能源政策的演变过程有一个整体性的了解，这些能源政策不仅包括油气政策，还应包括其他能源子系统的政策。本报告将重点阐述印度能源政策情况，包括能源政策制定过程、当前的能源政策面临哪些挑战和能源各子系统具体政策等几个部分，并在此基础上进行总结归纳。

一、印度能源政策制定有法律依据和指导框架

就政府组织结构而言，印度与中国相似。在国家体量上，印度虽然没有中国庞大，但也是体量巨大的国家。根据印度宪法规定，印度政府的组织框架由三级政府管理体制构成，分别是中央政府、省邦政府以及地方政府。在印度宪法现行条例中，能源是其中公认的一项内容，相关规定为印度制定能源政策提供了依据。

印度能源政策的制定依据特定的指导框架。该框架要求印度能源政策的制定必须参考多个层面的影响因素。首先是全球性影响因素，包括全球整体经济状况及环境保护等敏感因素，该因素对印度制定能源政策有较大的影响作用。如当下全球对气候变化问题的关注、越来越多的成本竞争问题以及如何低成本实现多个国家的互利共赢等因素。上述这些都是印度制定能源政策时需优先考虑的因素。其

次是印度民主政体性影响因素。在印度，政治局势每五年会发生一次变化。因此，制定能源政策时首先要考虑当时的政治局势，之后才可以考虑合作事宜。第三是地方需求及愿望性影响因素。随着城镇人口增长，尤其是人民生活水平的提高，印度对能源消费的需求也持续增长，也会影响能源政策的制定。

二、印度能源政策制定涉及政府多部门之间的复杂协作

过去的60多年中，印度能源政策出现了比较曲折的历史演变。印度能源政策制定的主要目标是保障能源的自给自足，实现能源领域各部门的互不干涉、包容性发展。这不是政府内一个单独部门的任务，而是要求多层次、多主体、多部门之间的协调合作。总体来说，非常复杂。印度政府下设五个不同的部委，包括煤炭部、电力部、油气部、新能源与可再生能源部和原子能部。每一个部委之下都有数个大型实体机构，这些机构都会对政府制定能源政策发挥影响作用。

不仅如此，在省邦级政府层面也有相似的机构设置。据统计，印度共有29个省邦，还有一些中央直辖区，每个省邦政府都有自己的电力部及相关部门。此外，最近印度政府成立了专门负责推进新能源发展的部门之后，省邦级政府部门也随之成立了相应的机构。

三、印度能源部门面临多重挑战

一是日益增长的能源需求（见图1）。预计未来20年，印度一次能源消费需求可能会增长2.3倍。二是气候变化。印度的能源消费和气候变化之间有着紧密关联。实际上，能源部门二氧化碳排放量已占到58%。因此，需要印度政府在现有基础设施之上大力改善技术，同时提高可再生能源在能源结构中的比例，从而控制过量的二氧化碳

排放。三是能源安全。印度80%的石油消费和50%的天然气消费依赖从其他国家进口，油气对外依存度非常高。四是电力使用权。目前，印度有3亿人无电可用，8亿人还在使用传统的生物质燃料。五是可再生能源。目前，印度在能源利用尤其是电能、绿色能源的利用上做得还不够好。最新的发展规划表明，印度希望到2022年实现可再生能源总装机量达到175吉瓦(10亿瓦)。

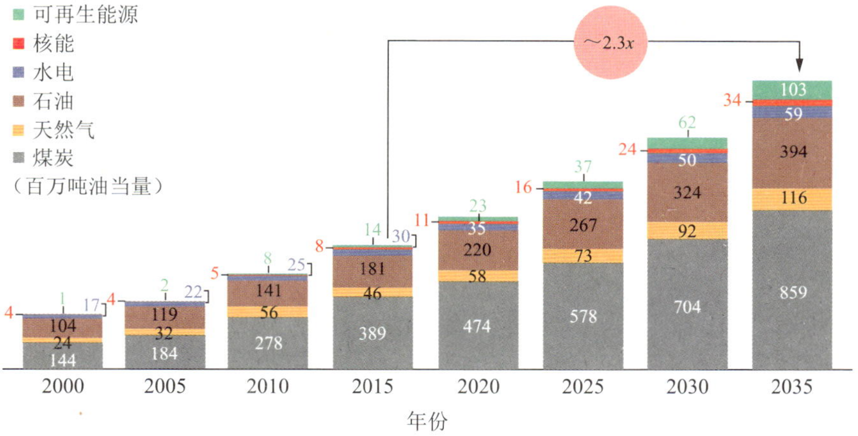

图1　印度不断增长的能源需求

资料来源：BP 2035年展望

因此，再次强调，当考虑与印度开展能源合作时，需要弄清印度能源的发展现状，同时也要关注印度的能源政策。我们认为，未来的印度能源合作环境和合作政策将不断改善。

四、印度能源政策演变因领域不同而各有侧重

印度能源政策的演变大致可以分为三个阶段。第一阶段是印度1947年独立前的时期，能源领域主要是由一些小型私有部门掌控，对能源政策制定只有零星的影响力。第二阶段是1947年到20世纪90年代初期，能源领域主要由政府部门主导和运作。第三阶段是20世纪90年代初期至今，能源政策的制定从政府主导的体系向市场规律

为基础的方向转变，并且具有更为环保的制度。

以电力行业为例（见表1），以第三阶段为重点进行阐述。根据政策要求，印度电力部门在这个阶段完成了私有化改革，40%的电力生产由私有部门负责。改革的结果不仅使得印度传统电力供应面临大规模的竞争，其他电力部门的竞争性也大大增加。从电力领域的竞争改革历程来看，1991年开始的改革是单一模式的，而现在印度电力部门实施的竞争模式是既给购买方机会也给供应方机会。因此，这种新模式出现以来，为印度政府和能源领域带来了光明。尤其是2003年以来，这种新模式完全改变了印度的能源部门，供应和需求方面都得到了改善，因为随着行业开始提供平等的机会，市场会选择更优者。例如，风能和太阳能若可以实现公平竞争，电价则随之大幅下降。因此，当考虑能源合作时，包括油气合作，需要多考虑价格因素，而煤炭行业，尤其是太阳能领域，都能不同程度地替代石油与天然气，从而缓解经济上的压力。不仅如此，印度还计划到2030年，将燃油汽车全部

表1　印度电力政策发展历程

年　份	内　容
1947年前	电力部门由省邦政府进行管理 主要由私有公司掌控
1948—1991	实质性国有化发展阶段 中央电力局（CEA）/省邦电力局（SEBs）/中心发电站（电力法，1948年）
1991—1996	独立发电厂（IPP）管理体制－电力部门对外开放［电力（修订）法］
1996—2003	电力配送改革（国家系列改革法案） 成立独立的监管委员会（电力监管法案，1998年）
2003年后	电力部门的整体发展 与监管监督部门的竞争（电力法案，2003年） 可再生能源部门的主流化

替换为电动车，现有的能源系统的基础设施也将完全由可再生能源基础设施替代。可以说，这些规划将对印度的能源行业，尤其是油气行业，产生巨大的影响。

就煤炭行业来说，现在印度煤炭行业正处于变革阶段。煤炭行业多项改革措施正引起外界的关注，如采用电子交易、允许有资质的私有企业在市场上进行买卖活动等。此外，印度煤炭行业还在进行其他变革，以期培育新的技术产出，进一步提高煤炭质量并促进其清洁高效利用。印度对煤炭部门的环保要求尤其严格，目前印度50%～60%的能源供应来自煤炭。如果能源消费继续依靠煤炭的话，就需要更高水平的先进技术来提高煤炭质量。

石油行业是印度能源领域中最为重要和起主导作用的产业之一，也是印度六大核心产业之一，在影响其他行业的决策方面具有战略重要性。为鼓励私有部门参与油气领域，印度也出台了多项新政策（见表2），例如，1999年出台了新勘探许可证政策（NELP），之后又颁布了油气勘探许可证政策（HELP）。目前，印度政府关注的焦点，也是业界最热门的话题便是如何进行页岩气开采；而印度油气市场当前更为重点关注的是如何削减政府对消费者购买石油产品、居民用液化石油气等的补贴。

表2　印度石油政策发展历程

年　份	内　容
1991	石油勘探开放政策
1991—1994	推出第4轮、第5轮、第6轮、第7轮以及第8轮石油勘探招标
1999	推出新勘探许可证政策（NELP）
2000—2007	按照NELP，共推出7轮招标
2003年后	NELP向基于收入分成合同的油气勘探许可证政策（HELP）发展

续表 2

年份	内容
2016—2017	在 9 个邦的 33 个地区实施针对煤油的直接利益转移(DBT)计划,以实现更好的补贴

五、印度能源领域蕴含合作机遇

综上所述,在宏观环境及成本竞争的驱动下,印度的能源政策一直在变化。而当前正是一个良好的时机,因为能源领域的各个部门都不是孤立存在的,印度越来越多的部门正在综合化发展,一体化趋势正在大规模出现。更重要的是,当前也为私有部门进入能源部门提供了空间,如油气领域。因此,我们需要思考如何与其他国家开展合作,并且要思考私有部门如何在其中发挥重要作用。

(李程远、王轶君根据发言录音整理)

油气在中国能源转型发展中的地位和作用

戴家权　中国石油经济技术研究院石油市场所所长

中国目前正处于能源转型发展中，其发展方向主要有两个：一是绿色低碳，大力推进新能源和可再生能源的发展；二是确立将天然气作为我国主体能源的战略目标，提高天然气在我国一次能源消费中的比重。下面将分石油和天然气两部分加以叙述。

一、石　油

1. 中国石油消费呈“三降”特征：增速降、强度降、弹性降

“十二五”期间，中国石油消费量年均增速为4.2%，增速较“十一五”下降1/3。2016年中国单位GDP石油消费量降至0.13吨/亿元，接近世界平均水平。受经济结构调整影响，中国石油消费弹性系数显著降低，“十五”“十一五”“十二五”消费弹性系数分别为0.79、0.57和0.54，2016年进一步降至0.42（见图1）。

中国石油消费下降的主要原因中，宏观原因是经济发展速度放缓，微观原因是国家对车辆燃油标准的提升。

2. 拉动石油需求由生产侧转向消费侧：汽油升、煤油快升、柴油降

过去十几年，中国汽油消费不断攀升，由2004年的4 737万吨增加到2016年的1.2亿吨，年均增速为8%；煤油消费增速最快，由2004年的1 062万吨增加到2016年的3 026万吨，年均增速为9.1%；

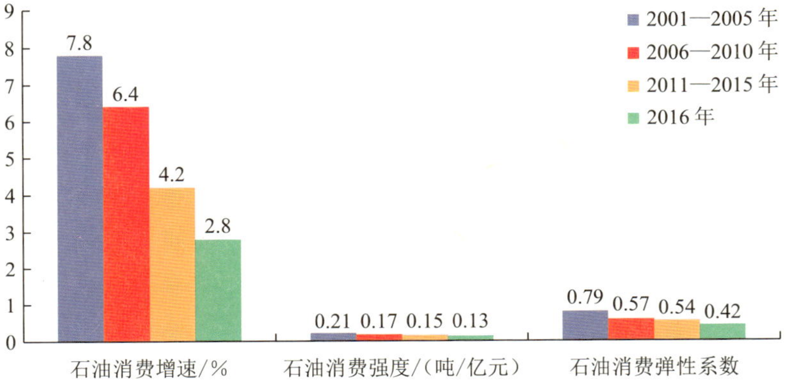

图 1　2000 年以来中国石油消费特点

来源：中国石油经济技术研究院

柴油消费已进入平台期，由 2004 年的 1. 04 亿吨增加到 2012 年的 1. 7 亿吨后基本保持平稳并略有下降（见图 2、图 3）。汽油、煤油消费受居民消费升级影响，而柴油消费则与工业生产密切相关，且柴油作为一种生产资料对经济形势更为敏感。我国经济发展由依靠高投入转向依靠技术创新驱动，必然会引起整个单位 GDP 能耗的下降，反映在燃油的使用上就体现在柴油作为传统意义上的生产资料消费强度出现明显的下降，这是经济结构调整所造成的。

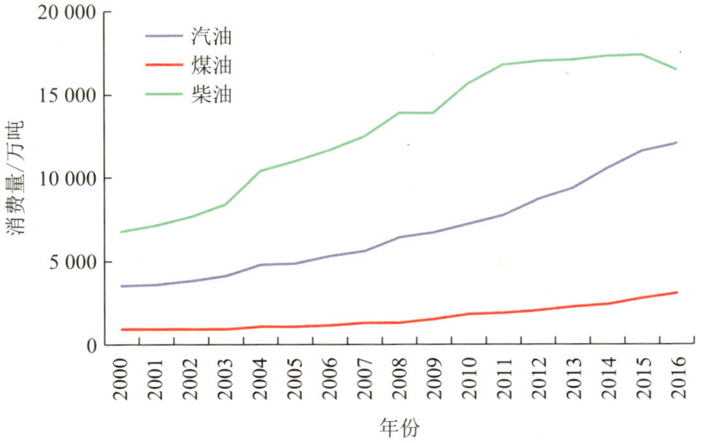

图 2　中国汽、柴、煤油消费量

来源：中国能源统计年鉴

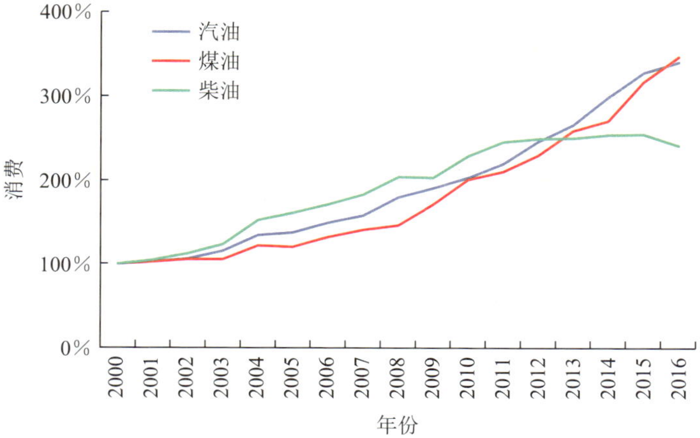

图 3　中国汽、柴、煤油消费变化(按 2000 年 100%计)

来源:中国能源统计年鉴

3. 中国石油对外依存度持续上升,国内原油生产发挥了基础性保障作用

随着国民经济的快速发展,中国石油需求快速上升,进口量持续增加,导致原油对外依存度也不断攀升,由 2000 年的 28%增加到 2016 年的 65.4%(见图 4)。国内原油产量稳步提升,由 2000 年的 1.6 亿吨增加到 2015 年的 2.1 亿吨左右,有力地保障了中国的能源安全(见图 5)。

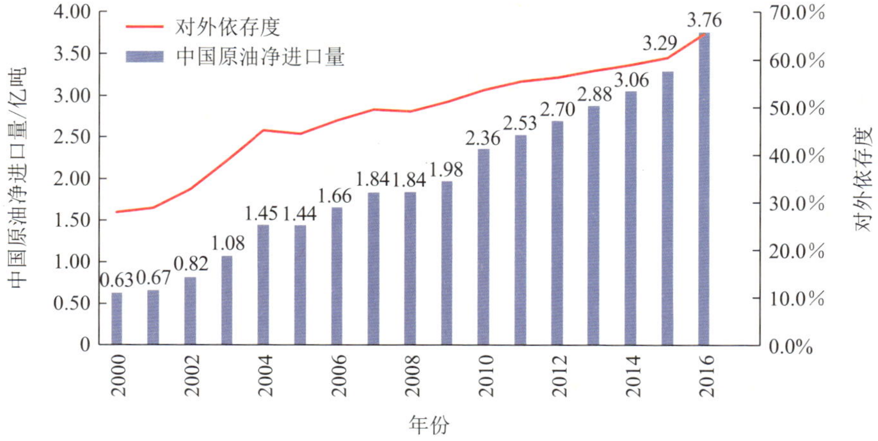

图 4　中国原油净进口量及对外依存度

来源:中国能源统计年鉴,中国石油经济技术研究院

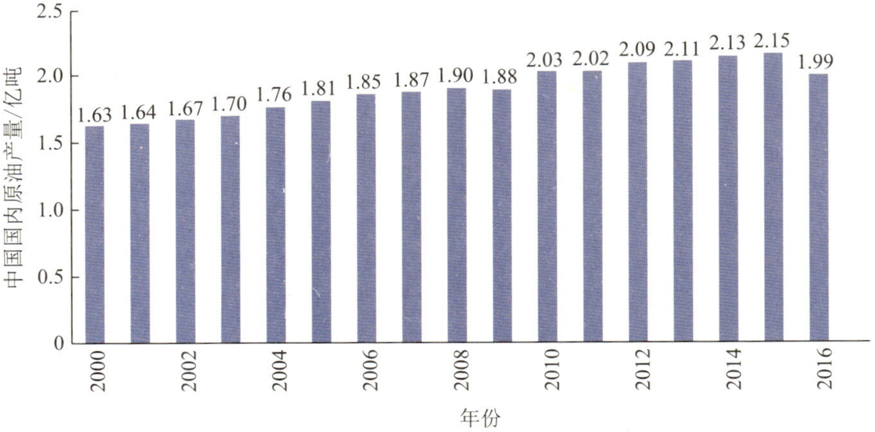

图 5　中国国内原油产量

来源：中国能源统计年鉴，中国石油经济技术研究院

4. 中国炼油行业发展迅速，有力地保障了国内成品油供应

"十一五"期间，中国炼油能力净增2.0亿吨/年；"十二五"期间，炼油能力净增1.4亿吨/年，截至2016年底，中国炼油一次加工能力达到7.5亿吨/年，排名世界第二（见图6）。中国成品油产量稳步提升，2016年达到3.5亿吨，并略有出口（见图7）。

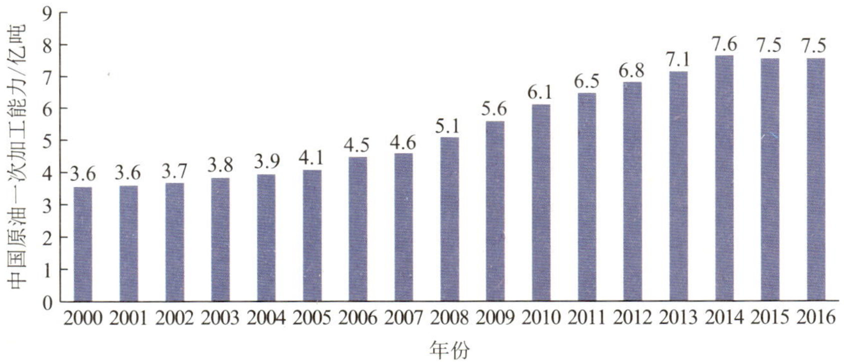

图 6　中国原油一次加工能力

来源：中国石油经济技术研究院

5. 中国能源体系不断向绿色低碳转型发展

预计未来中国一次能源消费增长将逐步放缓，并将于2035—2040年进入峰值平台期，峰值水平在58亿吨标煤（40.6亿吨标油）左

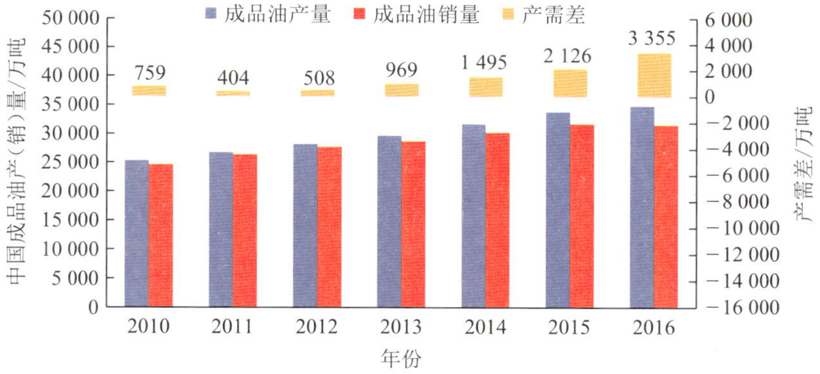

图 7　2010-2016 年中国成品油产需差

来源：中国石油经济技术研究院

右(见图 8)。一次能源消费结构呈现清洁、低碳化特征。清洁能源(天然气和非化石能源)是 2030 年前新增能源主体，2030 年后逐步替代煤炭，2045 年前后占比超过 50%。2050 年煤炭、油气和非化石能源将呈三分天下的局面(见图 9)。

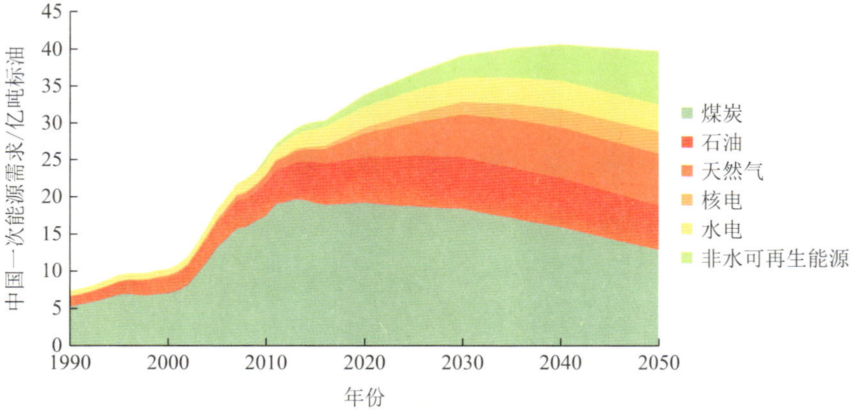

图 8　中国一次能源需求趋势展望

来源：中国石油经济技术研究院《世界与中国能源展望》

6. 中国未来石油需求增长主要来自交通和化工部门，并将于 2030 年达到峰值

中国未来石油需求增速将逐步放缓，2015—2020 年年均增速为 2.7%，2020—2030 年为 1.2%，且于 2030 年达到需求峰值 6.9 亿吨

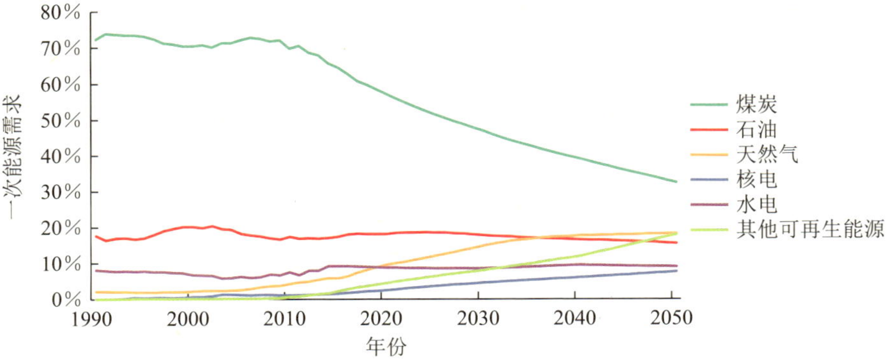

图 9　中国一次能源需求结构展望

来源：中国石油经济技术研究院《世界与中国能源展望》

（见图 10）。2050 年前，交通用油和化工原料用油占石油总需求的比例在 70%～78%。2030 年交通用油和化工原料用油较 2015 年分别增加 1.15 亿吨和 0.35 亿吨，两者合计占石油需求增量的 97%（见图 11）。

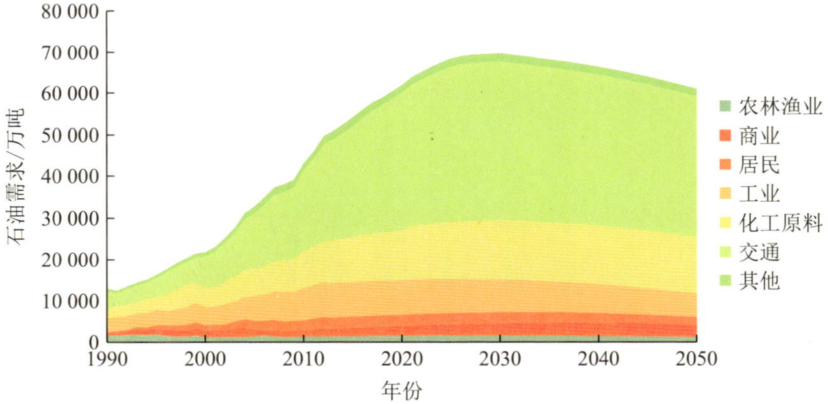

图 10　中国石油需求预测

来源：中国石油经济技术研究院《世界与中国能源展望》

7. 2030 年前中国原油产量将维持在 2 亿吨左右，之后逐渐下滑

开发新探明储量、提高采收率及提高致密油产量是保障中国国内石油生产的三驾马车（见图 12）。渤海湾盆地、鄂尔多斯盆地、塔里木盆地、准噶尔盆地和松辽盆地仍是中国国内未来石油增储最为重要的 5 大盆地（见图 13）。

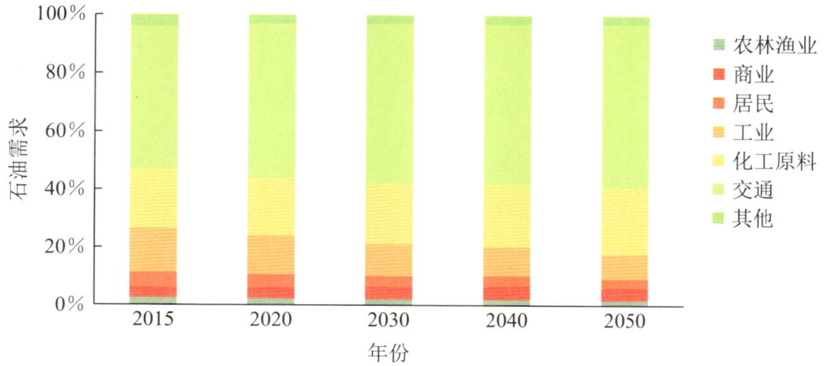

图 11　分行业石油需求结构预测

来源：中国石油经济技术研究院《世界与中国能源展望》

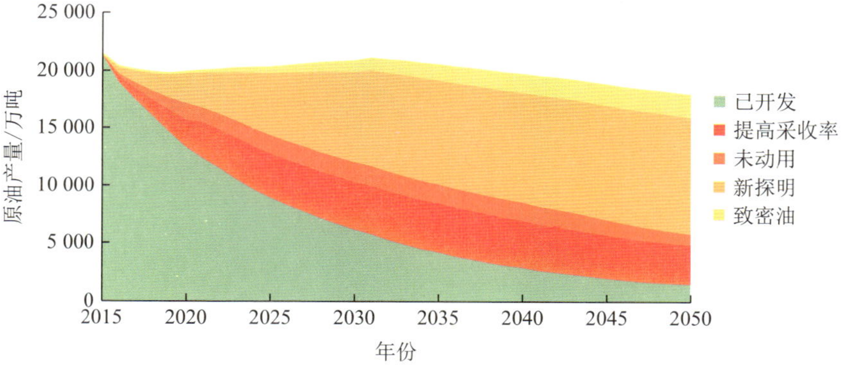

图 12　中国原油产量预测

来源：中国石油经济技术研究院《世界与中国能源展望》

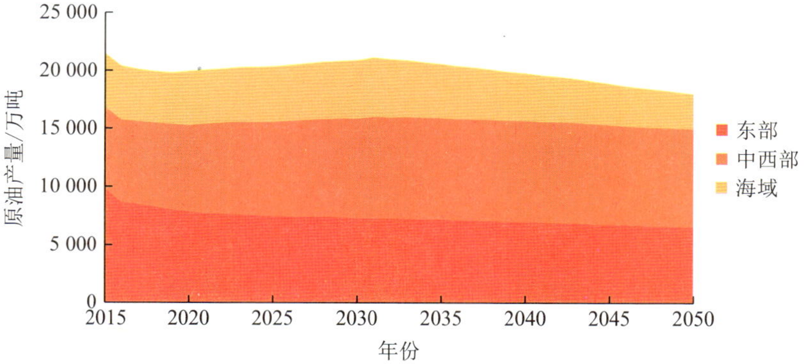

图 13　中国分地区原油产量预测

来源：中国石油经济技术研究院《世界与中国能源展望》

二、天然气

1. 中国天然气行业处于快速发展期

中国天然气行业自2004年进入快速发展时期。2005—2013年，天然气消费量年均增长148亿立方米，年均增速17.1%。2013—2016年，天然气绝对消费量年均增长111亿立方米，年均增速6.2%。2017年前三季度，天然气消费同比增速高达16%以上（见图14、图15）。

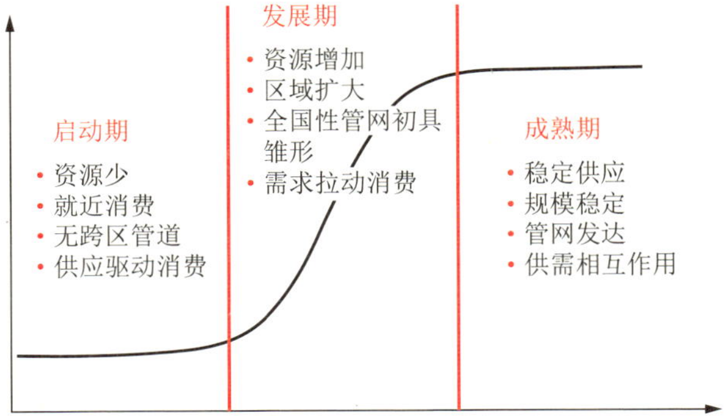

图14　世界天然气发展阶段性

来源：中国石油经济技术研究院

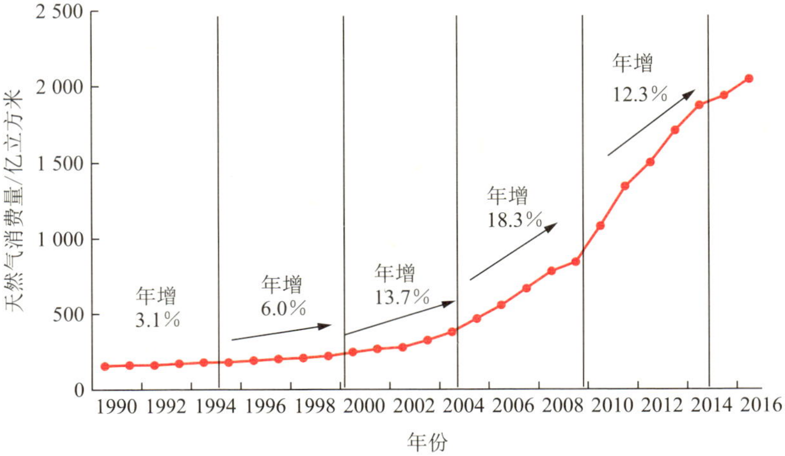

图15　中国天然气消费

来源：中国石油经济技术研究院

2. 中国天然气需求增长呈政策驱动特征

2017年以来，中国政府出台了《天然气发展“十三五”规划》《关于加强配气价格监管的指导意见》《加快推荐天然气利用的意见》《中长期油气管网规划》《京津冀及周边地区2017—2018年秋冬季大气污染综合治理攻坚行动方案》等12项规划和政策，明确天然气清洁能源的主体地位，推动天然气行业快速发展。2017年9月1日起，国家发改委将非居民用气门站价格下调0.1元/立方米。

3. 中国天然气供应保障能力持续提升，但季节性供需矛盾仍较为突出

2000—2016年，中国国内天然气产量从270亿立方米增至1 368亿立方米，年均增速11%；进口天然气已实现管道气和LNG的多渠道供应格局(四大通道包括：中亚、中缅、中俄和海上)。2016年进口天然气量616亿立方米，其中管道气384亿立方米，LNG 362亿立方米。

中国天然气季节性供需矛盾仍较为突出：中国天然气需求在采暖季明显上升，但储气库调节能力较弱，目前储气库能力仅为天然气消费量的3%左右。

4. 2050年前中国天然气需求将持续增长

2030年前，因雾霾治理等政策因素以及天然气管网设施日趋完善，天然气在工业、居民以及发电部门的消费将快速增长，预计2015—2030年年均增速达到8.1%(见图16)。

2030年后，特别在2040年后，因工业、居民等部门用气量基本达到饱和，天然气需求增速将放缓(见图17)。

5. 天然气在中国能源转型中将发挥重要作用

中国政府发布的《能源发展战略行动计划(2014—2020年)》《能源“十三五”规划》《天然气“十三五”规划》《加快推进天然气利用的意见》等提出，2020年和2030年天然气消费占一次能源的比例将分别达到10%和15%，并确立天然气主体能源的地位(见图9)。

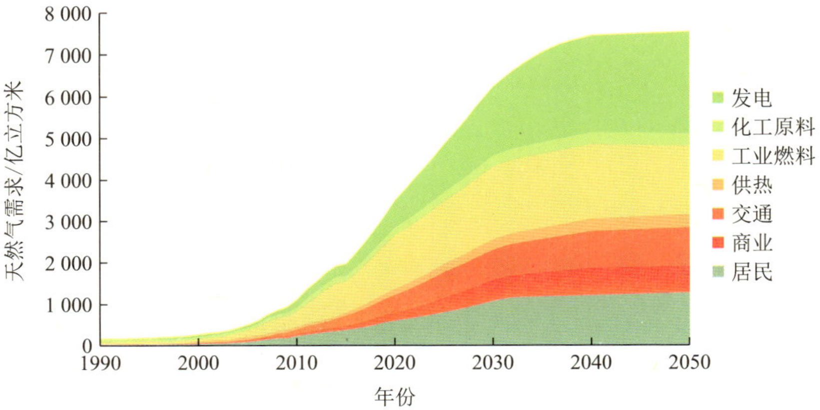

图 16　中国天然气需求预测

来源：中国石油经济技术研究院《世界与中国能源展望》

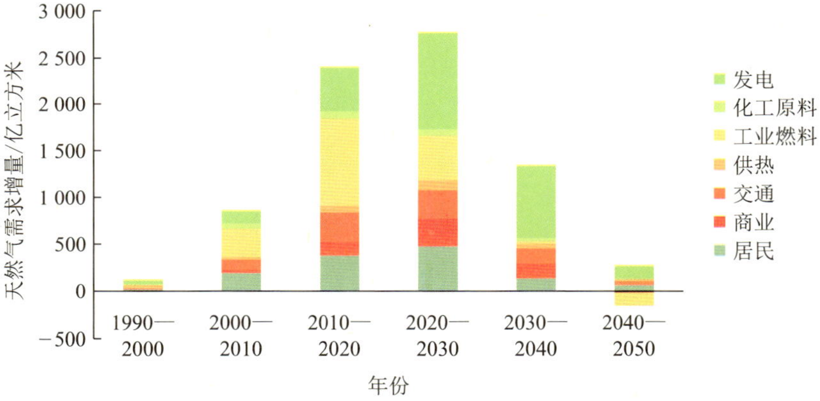

图 17　中国天然气需求增量预测

来源：中国石油经济技术研究院《世界与中国能源展望》

风电、太阳能发电等间歇性发电技术在使用期间必须有后备电源以补偿风能和太阳能不足时的供电。天然气发电具有环保、高效、启停灵活、便于为电网调峰等优势，可与风、光等可再生能源实现协同快速发展。

在天然气价格调整、能源互联网建设、工业园区限煤、电力体制顺畅等多重因素推动下，天然气分布式能源在冷热电联供领域的基础性地位将逐渐凸显，助推能源体系转型发展。

6. 2040年前中国天然气产量较快增长

预计2030年和2050年中国天然气产量将分别达到3 150亿立方米和3 800亿立方米，2015—2050年天然气产量年均增长3. 1%。其中，常规天然气产量将稳步增长，是未来中国天然气增产的主力（见图18）。未来中国天然气对外依存度还将不断攀升，并将于2035年前后达到50%左右的峰值水平（见图19）。

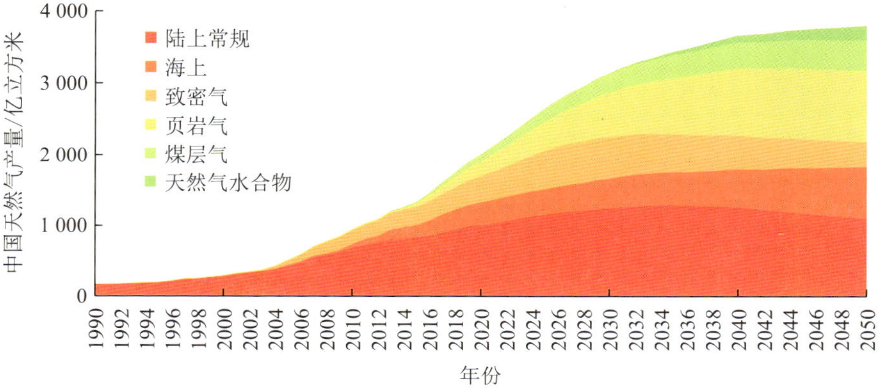

图18　中国天然气产量预测

来源：中国石油经济技术研究院《世界与中国能源展望》

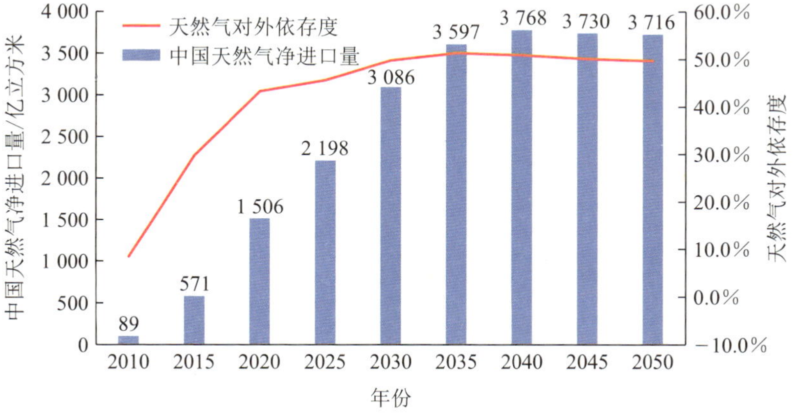

图19　中国天然气净进口量及对外依存度预测

来源：中国石油经济技术研究院《世界与中国能源展望》

（彭盈盈根据录音材料整理）

印度油气供需形势

尤金德尔•拉杰•梅塔　印度能源论坛创始成员及GAIL前董事

印度是世界第三大能源消费国，也是第二大煤炭消费国和第三大石油消费国。根据BP统计，2016年印度一次能源消费结构中，煤炭占58%，石油占28%，天然气占6.5%，核能、水能和可再生能源占7.5%。

一、印度天然气供需形势

1. 印度天然气长期供应短缺，政府大力推进需求增长

印度天然气行业长期面临供应短缺难题，国内天然气产量于2010—2011财年达到峰值，约1.43亿立方米/日（见图1），随后逐年下降，到2016—2017财年，天然气产量仅为0.87亿立方米/日，其中约80%的产量向国内天然气市场出售。印度天然气消费量近年不断上升，2016—2017财年达1.39亿立方米/日，但天然气占一次能源消费量比例仅为6.5%，大大低于24%的世界平均水平。

印度天然气消费结构中，进口LNG消费量占比接近50%。天然气终端消费最主要的应用领域为化肥生产，约0.42亿立方米/日，约占总消费量的30%；其次为天然气发电，约0.32亿立方米/日，占总消费量的22%。印度近年来大力发展城市燃气，目前占比已达14.5%。此外，钢铁等其他行业也消耗部分天然气（见图2）。

近年，印度天然气在发电领域的占比呈下降趋势，已从2010—2011财年的12%下降至2015—2016财年的4%左右（见图3）。尽管

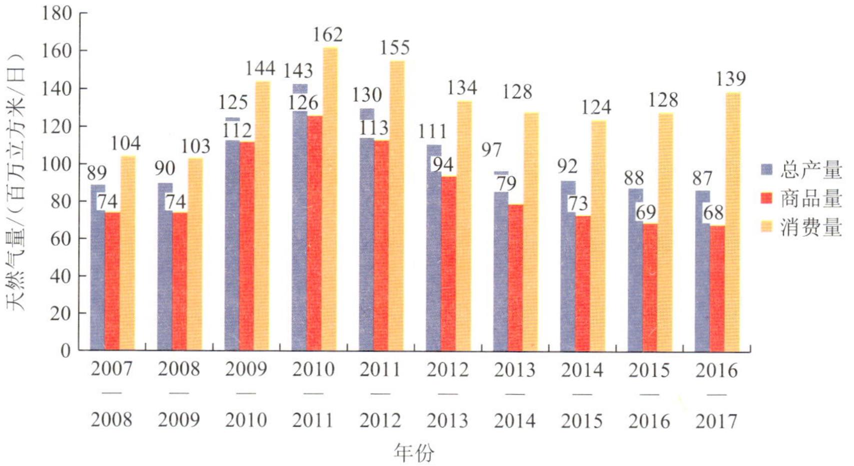

图 1　印度国内天然气供需情况

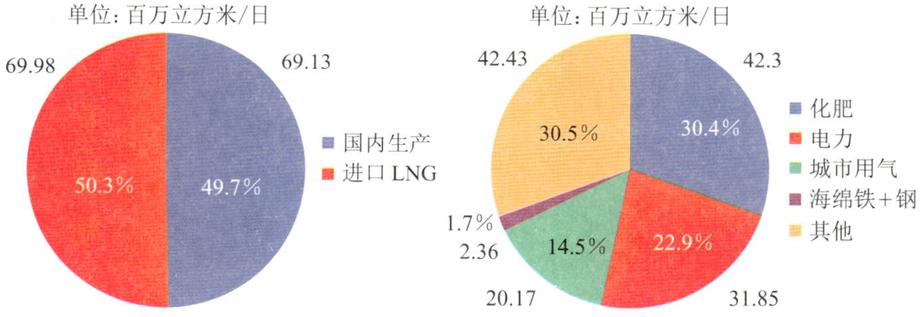

图 2　2016-2017 财年印度天然气消费结构

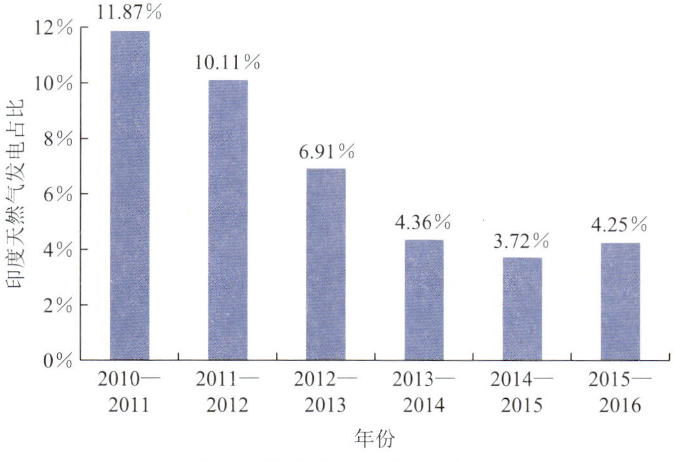

图 3　印度天然气发电占比

政府试图增加天然气使用量，但受国内天然气产量下降、LNG进口价格上涨、可再生能源发电成本大幅下降等因素影响，部分天然气发电项目陷入停滞。目前印度25吉瓦（GW）的天然气发电装机容量中有近15吉瓦完全搁置。同时，低廉的煤炭价格令燃煤发电比例大幅增加，2016年燃煤发电装机容量已增长至185吉瓦（见图4）。

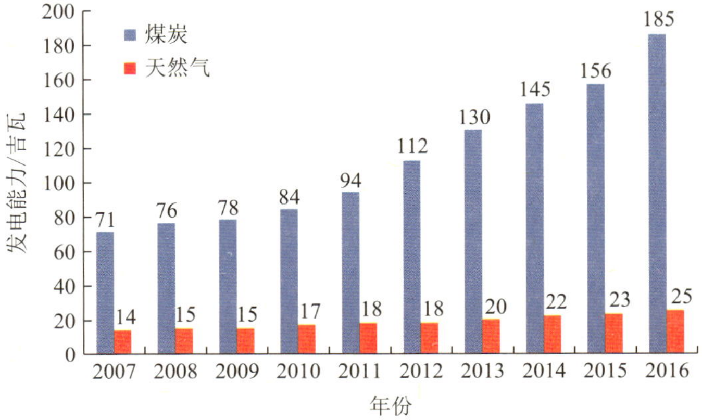

图4 印度煤炭和天然气发电能力

IEA预测，2040年印度天然气需求为5.10亿立方米/日，在一次能源消费中占9%。为大力发展天然气，印度政府计划到2040年将天然气在一次能源消费中占比从目前的6.5%提高至15%。若要实现政府的这一目标，届时印度天然气需求应提高至8.63亿立方米/日。另外，印度石油和天然气监督监管委员会（PNGRB）的预测较为乐观，预测2030年印度天然气需求为7.46亿立方米/日，远高于IEA和IEF预测的3.45亿立方米/日和3.08亿立方米/日（见图5）。

2. 印度LNG进口量增长迅速，未来进口能力将大幅提升

印度自2004年开始进口LNG，之后进口量不断攀升，2016—2017财年达0.7亿立方米/日，占天然气总消费量的50%（见图6），但LNG进口价格提高一定程度上抑制了消费量增长。印度LNG进口长期存在基础设施薄弱、建设缓慢等问题。印度目前已有4座LNG

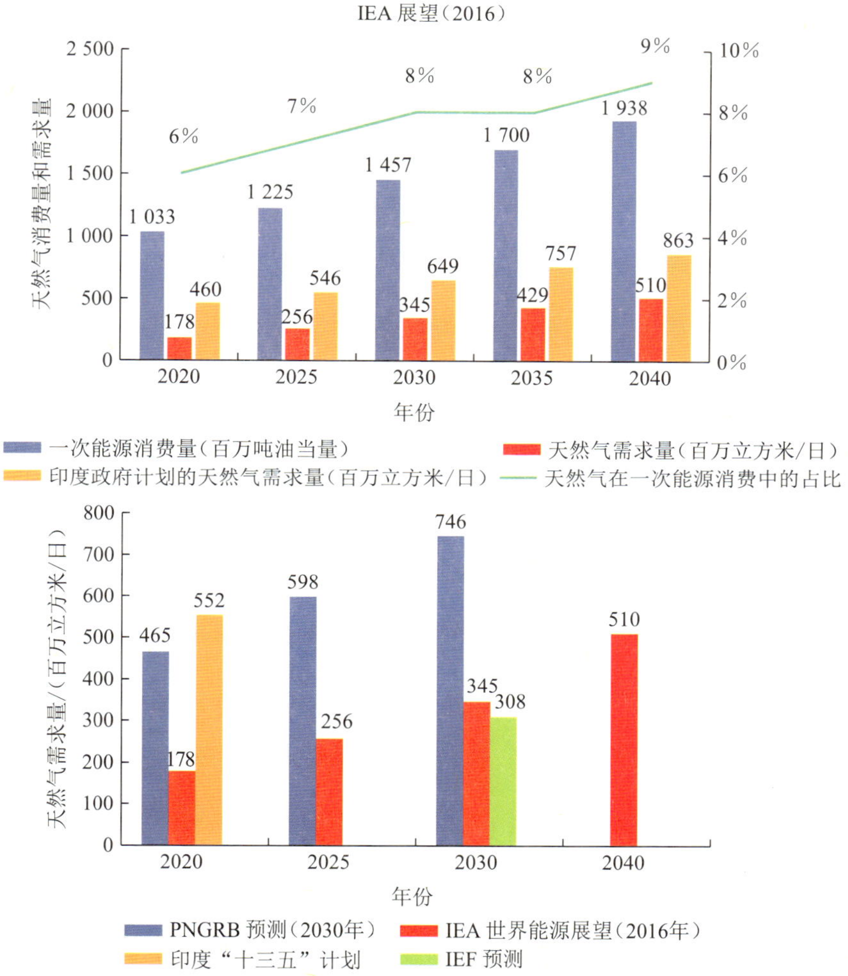

图 5　各机构对印度未来天然气需求预测

进口终端，LNG 再气化能力为 0.9 亿立方米/日，另有 6 座进口终端正在建设中，建成后 LNG 再气化能力将提高至近 2 亿立方米/日。

3. 印度将加大天然气基础设施建设力度

印度现有天然气管道约 16 000 千米，目前政府授权的 4 300 千米管道正在建设中。PNGRB 自 2011 年起已授权建设 9 240 千米管道，另有 2 000 千米管道正在等待授权。未来印度将实现 32 000 千米的天然气管道网络。

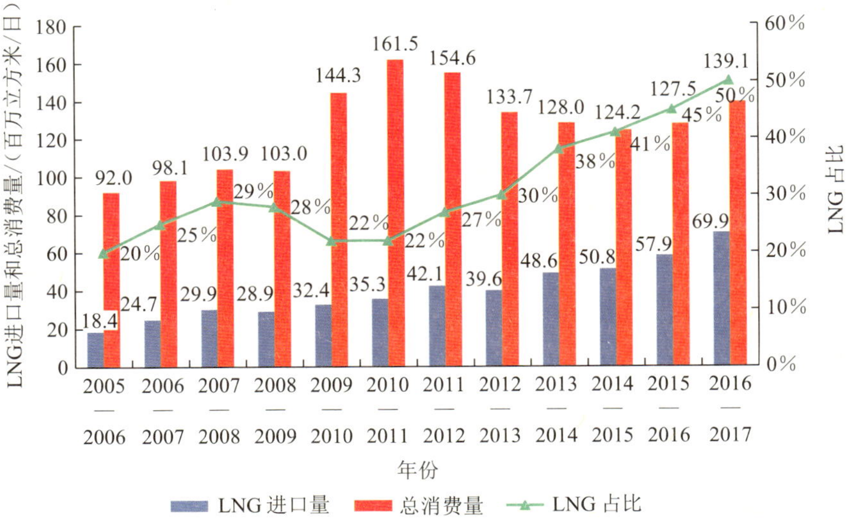

图 6　2005—2016 年印度 LNG 进口情况

印度政府目前正在大力发展城市燃气系统建设，管道气（PNG）和压缩天然气（CNG）需求增长十分迅速。目前印度 CNG 车辆约 300 万辆，CNG 加气站 1 251 个，其中大部分由印度天然气管理有限公司（GAIL）运营。

4. 未来印度天然气行业挑战与机遇并存

未来印度天然气行业存在两大挑战：一是印度政府设定 2040 年天然气占一次能源消费比例达 15% 的目标，但因国内产量上升缓慢，这一目标恐较难实现。近年，印度天然气在一次能源消费中的占比呈下降态势，已从 2010 年的 10% 降至目前的 6.5%。二是印度在巴黎协议中承诺到 2030 年将碳排放减少 33%～35%，实现这一目标需要付出很多努力。

为应对这些挑战，印度政府需在电力、城市燃气、工业等各部门实施改革，同时实施税改，加强城市燃气基础设施建设及天然气管道建设，推进天然气在城市交通领域的使用，并在污染严重的城市大力推行天然气交通和发电。

未来印度天然气行业也将涌现大量投资机会。印度政府预计，天然气管道建设需投资40亿美元，LNG终端建设需投资38亿美元，基于天然气的化肥行业需投资50亿美元，城市燃气建设需投资160亿美元。印度政府鼓励私营企业参与投资城市燃气项目，未来私营企业将获得更多发展机会。

二、印度石油及成品油供需形势

1. 印度石油消费量增长迅速，对外依存度高

近年，印度石油消费量快速增长。2008—2016年石油消费量年均增长3.3%，2016年达400万桶/日（见图7）。印度国内石油储量较低，产量增长非常缓慢，近年国内石油产量保持在100万桶/日（见图8）。2016年印度石油对外依存度高达80%，石油进口费用为644亿美元，而2015年的进口费用高达1 127亿美元。随着印度经济的快速发展，未来石油消费量将继续上升，对外依存度也将持续提高。另外，经济发展也将促使石油产量上升，用于石油生产和运输的石油消费量也将相应增加。

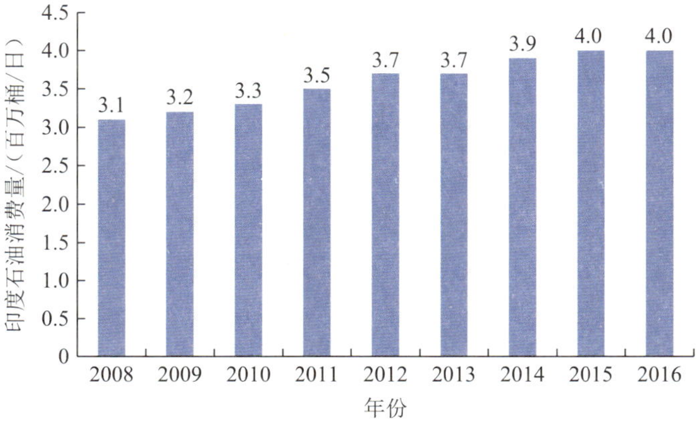

图7 印度石油消费量（印度油气部、BP统计）

2. 印度未来成品油需求将持续增长

2016年印度炼油能力为2.5亿吨/年，有一部分成品油用于出

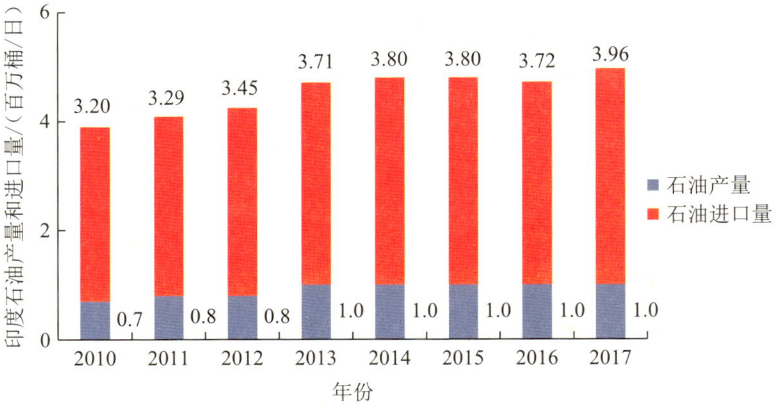

图 8　印度石油产量和进口量（印度油气部、BMI）

口。预计 2017—2018 财年印度成品油消费量接近 2 亿吨，未来五年将逐年增加，预计 2021—2022 财年将达到 2. 45 亿吨（见表 1）。

表 1　未来五年印度成品油需求量预测　　万吨

年　份	2017—2018	2018—2019	2019—2020	2020—2021	2021—2022
LPG	2 259. 7	2 327. 1	2 386. 8	2 434. 2	2 477. 0
车用汽油	2 452. 7	2 658. 7	2 877. 4	3 109. 5	3 365. 1
石脑油	1 251. 6	1 418. 5	1 492. 3	1 538. 8	1 538. 8
航空涡轮燃料	926. 3	1 002. 2	1 082. 9	1 167. 3	1 251. 7
特种煤油	654. 9	635. 2	616. 2	597. 7	579. 8
高速柴油	8 676. 2	9 205. 0	9 785. 9	10 410. 1	11 078. 5
轻柴油	40. 0	40. 0	40. 0	40. 0	40. 0
润滑油	312. 0	320. 7	329. 7	338. 9	348. 5
燃料油	784. 5	784. 5	784. 5	784. 5	784. 5
沥　青	630. 5	654. 4	668. 7	687. 8	716. 5
石油焦	1 141. 9	1 265. 1	1 400	1 547. 6	1 708. 9
其　他	614. 2	607. 1	610. 3	608. 5	606. 7
合　计	19 744. 5	20 918. 5	22 074. 7	23 264. 9	24 496. 0

（周希唯根据发言录音整理）

印度视角下的国际能源合作

赛义德·萨迪克　ITG 集团常务理事

印度能源基础设施建设需求大。印度天然气管网和 LNG 终端利用设施匮乏，制约了天然气在印度的发展。中国企业可以与印度当地合作伙伴共同参与能源基础设施项目。拥有专有技术的公司也可以到印度填补技术空白，印度北部部分城市已经开启相关合作的大门。整体看，印度能源基础设施领域合作机会多，利润空间大，审批手续简单。

（任重远根据发言录音整理）

中国企业"一带一路"油气合作

徐建山　中国石油经济技术研究院海外投资环境研究所所长

1993年，在改革开放和经济全球化的大背景下，以中石油、中石化、中海油等为代表的中国石油企业响应国家号召，扬帆出海，实施"走出去"经营战略。经过24年的快速发展，中国石油企业海外投资业务规模由小变大、由弱变强，已成为国际油气市场重要的参与者。

一、海外油气权益产量

截至目前，据不完全统计，以三大石油公司为主体辅以34家企业（其中民营企业23家），参与了海外210个油气项目的投资，业务遍及全球47个国家，涵盖上游、中游和下游全产业链，基本建成中亚俄罗斯、中东、非洲、亚太、美洲和欧洲6个油气合作区，累计初期计划投资2 400亿美元，实际投资2 000亿美元。2017年海外石油权益产量1.5亿吨，天然气权益产量450亿立方米。

进入21世纪以来，我国境外石油权益产量连续25年保持快速增长，在为世界生产更多石油的同时，也为中国石油安全做出了重要贡献。

1. 油气权益产量持续、快速增长

1993年，中国获得加拿大艾伯达省北湍宁油田（North Twining）的部分股权，并生产出中国历史上第一桶海外原油。从此，中国企业海外油气权益产量持续增长。2002年我国原油权益产量突破1 000万吨，

2009 年突破 5 000 万吨，2013 年实现上亿吨台阶，2017 年海外石油权益产量达到 1.5 亿吨。随着 2017 年以来一些大型项目投产，2018 年海外权益石油产量将继续保持增长，其中中石油参股的哈萨克斯坦卡沙甘油田产量将继续增长，中方权益产量增加 30 万吨；中石油和中海油共同参与的巴西利布拉油田将在 2018 年投产，中方权益产量 50 万吨。若华信能源收购俄油股份的交易成功，将获得 4 200 万吨权益产量，中国石油企业海外权益油气产量将会有跨越式增长。

中国企业海外油气权益产量保持快速增长。2000—2017 年，我国海外石油权益产量年均增长率达 20%。石油权益产量第 1 个 5 000 万吨用了 16 年，第 2 个 5 000 万吨只用了 4 年，第 3 个 5 000 万吨也只用了 4 年。海外天然气生产起步较晚，但产量增长迅速。2001 年海外权益天然气产量仅有 6 亿立方米，2010 年达到 100 亿立方米规模，2017 年达到 450 亿立方米。2000—2017 年，年均增长率达到 31%。

2. **中国石油企业为世界油气生产做出重要贡献**

中国企业海外油气合作不断扩大也为世界油气生产做出重要贡献。估计 2017 年中国石油企业海外生产为全球提供了 3.5% 的石油和 1.2% 的天然气。同时，中国企业海外业务也越来越成为公司的重点，海外油气权益产量占国内产量比例逐年提高。其中原油权益产量由 2001 年的 800 多万吨，增到加 2017 年的 1.5 亿吨，占比由 2001 年的 5%，增加到 2017 年的 80%；天然气权益产量由 2001 年的 6 亿立方米，增加到 2017 的 450 亿立方米，占国内天然气产量的比例逐年提高，由 2001 年的 2%，增加到 2017 年的 30%。按 2017 年我国油气进口数据分析可见，2017 年我国进口原油 4.2 亿吨，进口天然气 924 亿立方米，海外权益产量是中国原油进口量的 37%，天然气进口量的 49%。

（海外原油产量、国内原油产量和中国原油进口量见表 1。）

表 1　海外原油产量、国内原油产量和中国原油进口量　　亿吨

年　份	2000	2005	2010	2011	2012	2013	2014	2015	2016	2017
海外原油产量	0.07	0.27	0.65	0.76	0.87	1.13	1.24	1.34	1.33	1.54
国内原油产量	1.63	1.81	2.02	2.03	2.07	2.14	2.09	2.13	1.98	1.92
中国原油进口量	0.70	1.27	2.39	2.54	2.71	2.82	3.08	3.36	3.81	4.20

3. 三大油企是海外油气生产的主力

中石油、中石化和中海油三大公司始终保持着中国石油企业在海外油气生产的主力地位，2017 年三大公司的权益产量占海外总权益油气产量的 90%，其中原油占 88%，天然气产量几乎全部来自三大公司。但随着三大石油公司以外的其他公司开始海外投资，预计三大石油公司的海外原油产量占比将逐年下降。

目前，三大石油公司以外的其他公司中，中化集团走出去最早，规模相对较大，海外油气权益产量占这些公司的 42%。华信能源、中信资源、振华石油、北京燃气和洲际油气等公司也逐渐成为我国海外油气权益产量的贡献力量。

4. 油气权益产量主要来自中东、美洲和中亚地区

中国石油企业海外油气权益产量主要来自中东、美洲和中亚地区，我国在这三个地区的权益产量分别占总权益产量的 24%、24% 和 23%。而非洲的权益产量占总权益产量的 17%。其中，中东地区的油气权益产量主要来自中石油在伊拉克的鲁迈拉油田、艾哈代布油田、哈法亚油田三大项目，中石油和华信能源在阿联酋的阿布扎比陆上项目和中海油的米桑油田项目。美洲地区的油气权益产量主要来自中石油在委内瑞拉的 MPE-3 项目、中石化的阿根廷项目、中海油的美国鹰滩项目以及中海油加拿大尼克森公司贡献的产量。中亚地区的权

益油气产量主要来自中石油在哈萨克斯坦的阿克纠宾、PK和土库曼斯坦的阿姆河右岸等项目以及中石化在俄罗斯的乌德穆尔特项目。

二、初期计划投资

1993年以来，经过24年的发展，中国石油企业海外业务初期计划投资累计达2 400亿美元，实际投资接近2 000亿美元。

1. 探索发展阶段（1993—1996年）：初步尝试，迈出“走出去”的第一步

1993—1996年是中国石油企业“走出去”的探索阶段。在这一阶段，只有中石油和中海油两家企业在海外开展油气合作，中石化没有涉足上游投资。1993年，中石油中标秘鲁塔拉拉油田6/7区块，拉开了中国石油企业海外投资的序幕。1994年，中海油收购ACRO石油公司（东南亚项目）在印尼马六甲海峡区域的石油资产，迈出了该公司开拓国际市场和建设国际化石油公司的第一步。投标或议标是当时中国公司获取项目的主要方式。

这一阶段是中国企业开展国际合作的试水阶段，由于缺乏国际化经营的经验和实力，中国企业从零开始学习，逐步找到国际合作的感觉。中石油、中海油等公司采取了“由小到大、循序渐进、自我积累、滚动发展”的策略，从小项目、老油田提高采收率项目运作开始。这些项目是中国企业的技术优势领域。中石油中标的秘鲁塔拉拉油田已有130年的生产史，是世界上最早开发的油田之一，生产高峰期已经过了半个多世纪，被西方石油公司认为已到了废弃的边缘。中国石油接手时，6/7区项目的近5 000口井中仅509口还在生产，平均单井产量只有3桶/日左右。中石油用了三年时间，把这个接手时只年产8万吨的油田提高到年产32万吨。

中石油和中海油两家企业缺乏国际化经营（获取项目和经营项目

的)经验,更不用说实力,通过这些尝试,找到了一些感觉。这一时期,布伦特平均油价在 20 美元/桶以下,扩张成本最低,但因中国企业刚刚尝试"走出去",自身能力和经验不足,错过了最好的扩张时机。

2. 基础积累阶段(1997—2002 年):蹒跚学步,初见成效

从 1997 年开始,中国企业海外油气合作进入了快速发展阶段。中石油接连签订苏丹 1/2/4 区块、哈萨克斯坦阿克纠宾和委内瑞拉陆湖三大项目,标志着中国企业开始参与海外具有一定规模的油气勘探开发项目。2001 年,中石化成立国际石油勘探开发有限公司,专门从事海外油气业务,至此三大石油公司全面参与国际合作。

这是真正的国际合作经验的积累阶段,中国企业以一定规模的开发项目为主,兼顾勘探项目。中石油以三大项目为基础,在北非、中亚和南美搭建起三大战略发展区,迅速形成原油作业产量接近 2 000 万吨、权益产量达到 1 000 万吨的规模,成为国际石油市场上一支不可忽视的新兴力量。中海油也在印尼站稳脚跟,成为印尼主要的油气生产商。中国企业在这一时期采取投标(议标)和收购并举的方式获取新项目,其中中石油仍以投标(议标)方式为主,中海油和中石化采取收购方式。

这一时期,布伦特平均油价在 22 美元/桶,仍处于低位,此期间获得的项目很快都收回投资,获得效益。

3. 快速发展阶段(2003—2007 年):积极进取,稳步前进

2003—2007 年,中国企业在海外合作中以上规模为重点,通过投标和收购等多种方式获取了一批大中型项目。并购成为快速扩大海外合作规模的重要手段,通过一系列并购,中国石油企业海外业务规模快速增长,并成为国际石油市场上一支重要的新兴力量。2005 年,中石油以 41.6 亿美元成功收购了哈萨克斯坦 PK 公司,成为当时最大的中国企业海外并购案,中石油在中亚地区业务规模实现跨越式增

长。2006年，中石化成功完成俄罗斯乌德穆尔特石油公司96.86%股权的收购交易（总值为35亿美元），由此获得每年超过300万吨的产量规模；中海油斥资22.68亿美元现金收购尼日利亚深水项目AKPO油田45%股权，成为后来两年该公司最重要的新增产量来源，通过并购获得一批石油产量规模在数百万吨的项目，合作规模迅速扩大。这一时期，中国石油企业也开始涉足勘探项目领域，由开发项目为主扩展到勘探与开发项目并重。

同时，这一阶段“走出去”的中国企业开始多元化：以三大石油公司为主体，其他性质的公司开始少量参与。中化集团和振华石油分别从2003年和2004年开始“走出去”。中国企业合作重点转移到中亚地区和非洲地区，这两个地区的初期计划投资额占相应总量的80%以上。

这一时期布伦特平均油价52美元/桶，但一直处于上升阶段，尽管付出的代价较大，但这一时期获取的项目大部分随着油价不断上涨取得了较好的收益。

4. 规模发展阶段（2008—2013年）：大步流星，快速扩张

进入2008年后，全球金融危机的爆发对世界经济秩序和油气市场格局造成了极大冲击，也为中国石油企业海外业务拓展带来了难得的发展机遇。这一阶段，中国石油企业海外投资以获取大项目为主，通过自主投标和资产并购，成功实现了在中东、拉美和北美等重要油气市场的突破，形成六大油气合作区，完成了油气业务的全球布局。

除中石油、中石化、中海油三大油企外，以中化集团、振华石油、中信集团、延长石油等为代表的其他国有企业和部分民营企业也积极走出国门，参与到海外油气投资之中。

在这6年中，中国石油企业在获取项目方式上以超大项目的并购为重点，以整体并购、战略联盟和参股投资等合作方式在内的“组合

拳”出击。2008—2013年，中国石油企业共获得了100多个项目，累计初期计划投资1 800亿美元，平均年初期计划投资300亿美元。中海油以207亿美元收购尼克森公司，成为当年全球最大的资产并购案，也是迄今中国公司最大的海外并购案。在一些主要资源国，中国企业也通过战略联盟投标的方式参与到大型项目的开发运营中，2009年，中石油与BP联合中标伊拉克鲁迈拉油田项目；2013年，中石油、中海油与道达尔、壳牌等国际大石油公司组成财团，中标巴西利布拉油田项目。通过这些方式，中国石油企业大幅扩大了海外油气合作规模，在合作领域上，实现了从上游到下游、从常规到非常规、从陆上到海上的全领域、全覆盖。除了巩固与发展中国家的油气合作，也积极进入美国、加拿大、澳大利亚等发达国家。

这一阶段，布伦特平均油价为95美元/桶，项目获取成本较高。中国企业在此阶段获取的项目中，除了服务合同项目获得稳定回报外，大部分项目的投资效益并不好（见表2）。

表2　各阶段初期计划投资特征

发展阶段	年　份	平均油价/（美元/桶）	项目数	当期累计投资/亿美元	项目平均投资/亿美元	年平均投资/亿美元
探索发展阶段	1993—1996	18	6	10	1.7	3
基础积累阶段	1997—2002	22	12	30	2.5	5
快速发展阶段	2003—2007	52	54	293	5.4	59
规模发展阶段	2008—2013	95	109	1 805	16.6	301
多元发展阶段	2014—2017	63	26	226	8.7	57

5. 多元发展阶段(2014年至今):三大国企踌躇不前,其他投资主体奋勇前进

2014年开始,以中石油、中石化和中海油三大国有石油公司为代表的中国石油企业积极实施资产优化策略,转变高油价时期重规模、求扩张的发展方式,突出战略发展,注重降本、提质、增效,海外发展进入新的阶段。

民营企业海外投资讯速增长,多元主体投资格局基本形成。以华信能源为代表的民营企业和地方国企加速扩大海外投资。随着海外投资的增长,三大石油公司以外的其他企业权益油气产量快速增长,在中国企业海外权益油气产量中的占比已经达到10%,并将继续增长。这一阶段,民企初期计划投资比例达到全部中国企业对外投资的30%。但从1993年开始到现在,民企的初期计划投资很少,只占全部企业初期计划投资的4%。民营企业海外经营具有更加灵活的特点。民营企业更多在资本层面开展合作,很少参与实际项目运营,并以资本合作为基础,在更广和更多领域拓展与资源国或石油公司的合作。另外,在合作领域上不局限于上游,在整个产业链寻找合作机会;在合作方式上,多以并购方式获得公司或资产股权。

这一阶段,国际油价始终在相对低位运行,布伦特平均油价63美元/桶,是积极获取项目补强公司业务的重要机遇期。在此期间获取的项目,应有良好的发展基础,但最终取决于未来油价走势、商务谈判能力和项目经营能力。

三、文明古国间的油气合作

我们五个国家是世界重要的油气生产国和消费国,油气合作取得了积极的进步,未来有广阔的合作空间。

1. 五国间有一定的合作基础

五国之间有一定的合作基础，以油气投资和油气贸易为主。投资合作以中国和印度公司在埃及和两伊开展油气合作为主，贸易合作以中国、印度两国从其余三个资源国进口原油为主。

据不完全统计，五国间的油气投资项目有 18 个，权益产量 0. 3 亿吨，石油贸易量 1. 3 亿吨。其中，以中国和印度公司与两伊的油气投资和贸易为重点（见表 3）。

表 3　中国和印度在其他三国的投资项目

国　家	项目数 / 个	初期投资 / 亿美元	权益产量 / 万吨
埃　及	5	31	220
伊拉克	6	283	2 955
伊　朗	7	56	154
总　计	18	370	3 329

（1）五国间的油气投资合作具有一定的规模。

中国公司在两伊的合作项目最多，规模最大，共有 11 个项目，权益产量 3 100 万吨，初期投资额 370 亿美元。

中印间的合作主要是在第三方国家。两国于 2006 年签署了中印能源合作五项谅解备忘录，其中包括油气海外“联合竞标协议”，促进了两国对海外油气资产的联合竞购和开发。印度的海外油气资产共有 7 个是与中国公司共同合作的项目，这些中国公司主要是中石油和中石化；合作项目主要是在南美的哥伦比亚和非洲的南北苏丹等国家。

印度公司在伊朗和伊拉克各有一个油气项目，分别是伊朗的 Farsi 海上区块和伊拉克的区块 8 项目。

（2）原油贸易规模较大，占比较高。

2016 年，印度和中国从其他三国进口的原油量达 1. 3 亿吨。其中，中国从两伊进口原油 6 700 万吨，占中国原油进口量的 18%；印度从两伊进口原油约 6 100 万吨，占印度原油进口量的 29%（见表 4）。

表 4　2016 年中国和印度与其他三国间原油贸易情况　　万吨

国　家	埃　及	伊　朗	伊拉克
中　国	200	3 600	3 100
印　度	266	2 326	3 800

2. 五国之间具有广阔的合作空间

石油工业在五国的经济社会发展中具有重要地位，各国通过加强油气合作不仅能够实现互利共赢，还能促进各国在金融、装备、技术、服务等诸多领域的合作。

（1）中印两国面临能源安全挑战。

中国、印度人口众多，油气供需缺口大，属于严重依赖能源进口的国家。2016 年，中国的原油对外依存度为 65%，天然气对外依存度已达到 34%；印度的原油对外依存度超过 80%，天然气对外依存度为 45%。预计到 2030 年，中国原油消费量将达到 6. 9 亿吨，进口量达到 4. 9 亿吨，对外依存度达到 71%，天然气消费量达到 6 000 亿立方米，进口量达到 2 800 亿立方米，对外依存度达到 47%；印度原油消费量将达到 2. 5 亿吨，进口量达到 2. 2 亿吨，原油对外依存度接近 90%，天然气消费量将达到 900 亿立方米，进口量超过 600 亿立方米，天然气对外依存度达 70%（见表 5）。

表 5　2016 年五国油气供需情况

国　家	原油 / 万吨				天然气 / 亿立方米			
	产　量	消费量	进口量	出口量	产　量	消费量	进口量	出口量
伊　朗	18 252	9 144		9 657	2 051	2 062	92	81
伊拉克	22 785	4 200		18 585		15	15	
埃　及	3 312	2 410	227	1 179	421	511	71	

续表 5

国　家	原油 / 万吨				天然气 / 亿立方米			
	产　量	消费量	进口量	出口量	产　量	消费量	进口量	出口量
印　度	3 695	23 980	20 285		253	482	229	
中　国	19 969	57 776	38 101	294	1 369	2 058	721	32

（2）资源国需要资金、技术和市场发展石油工业。

① 资源国以石油立国，油气是支柱产业，发展石油是资源国的基本国策。

以伊朗为例。伊朗制定了宏伟的石油工业发展计划。通过大规模国际合作，吸引巨量投资，未来 20 年将投资 5 000 亿美元发展油气工业。

伊朗油气上、中、下游将协同发展。根据伊朗第六个五年发展计划（2016—2021 年），共需 1 850 亿美元油气投资，上游、炼油与销售、天然气和石化行业的投资分别为 850 亿、100 亿、100 亿和 800 亿美元。

伊朗将大力发展石化行业。伊朗计划在未来 10 年将石化产品产量增至 1. 2 亿吨，成为中东第二大石化产品生产国和出口国。原油和天然气凝析液的炼制处理能力提高至 500 万桶 / 日以上。

② 资源国油气资源丰富，增储上产潜力巨大。

两伊待发现油气资源丰富，未来增储潜力大。

伊朗石油待发现可采资源量为 87 亿吨，仅次于沙特，居中东地区第二位，占中东地区相应资源量的 26%；天然气待发现可采资源量为 9. 2 万亿立方米，居中东地区第二位，占中东地区相应资源量的 26%。伊朗的油气采出程度低，可稳产百年以上。伊朗已发现油气可采储量的采出程度仅分别为 32% 和 5%，以 2016 年产量计算，分别可开采 110 年和 177 年。

伊拉克石油待发现可采资源量 55 亿吨，居中东地区第三位，占中东地区相应资源量的18%；天然气待发现可采资源量5.4万亿立方米，居中东地区第三位，占中东地区相应资源量的18%。伊拉克的已发现油气可采储量采出程度仅分别为21%和2%，以2016年产量计算，分别可开采90年和3 000多年。

③ 油气全产业链需要国外资金和技术。

伊朗和伊拉克管输能力不足，限制了油气生产。伊朗国内石油管网老化严重，外输能力单一；油气存储能力有限，也影响原油出口。伊拉克出口油气运输管网反复遭受战争和恐怖组织的破坏，损毁严重，油气运营能力严重不足，难以满足出口需求。

伊朗、伊拉克和埃及三国炼油能力不能满足国内消费需求。炼厂综合加工能力不足，作为石油生产大国还需要进口成品油。伊朗缺乏核心炼油技术和生产高端润滑油、高端沥青等产品的关键技术。伊拉克炼厂主要为伊战前建设的老炼厂，技术落后、设备老化。埃及的炼油工业处于非洲前列，但与全球的标准还有不小差距，炼厂老旧，油品质量不高。

伊朗、伊拉克和埃及三国石油化工尚未形成较为完整的大宗石化产品生产体系。如伊朗，是世界主要的石化产品生产国，近一半产品用于出口，每年出口石化产品1 000多万吨，但高端化工产品和精细化工产品等产量近乎为零。伊拉克石化工业十分薄弱，规模很小，产品单一。埃及的石化工业仍处于起步阶段，以初级产品为主，精细化工产品稀少。

④ 技术服务和装备制造能力不足，高端业务严重依赖外国公司。

两伊和埃及三国当地公司仅能满足一般性工程技术服务工作，缺乏老油田提高采收率技术和海上油气田勘探开发技术。

在装备制造方面，伊朗已经可以制造常规的油气勘探开发装备，具备了一定的制造水平，但高端装备仍需进口；伊拉克本土装备制造和研发能力薄弱，缺乏设备制造商，石油设备基本靠进口，本土公司主要提供后勤服务和简单设备维护；埃及石油物质装备主要依赖进口，当地公司不具备独立的装备研发和制造能力。

（3）中国和印度石油公司能为文明古国中的资源国提供完整的石油产业建设服务。

中国与文明古国中的中东资源国开展油气合作具有5大契合点，油气全产业链均存在合作机会：

① 部分资源国缺乏资金和技术发展本国油气工业，与我国具有资金和技术优势、有输出资本和技术的诉求高度契合。

② 资源国的丰富资源与我国的消费市场高度契合。

③ 资源国的油气管网不发达，有建设需求，与我国管道建设能力输出相契合。

④ 资源国的炼化能力普遍偏低，有改扩建需求，与我国炼化技术能力输出相契合。

⑤ 资源国工程服务和装备制造需求大、能力弱，与我国优越的工程技术服务、工程建设和装备制造能力契合。

3. 合作建议

（1）这次文明古国智库论坛为我们提供了交流的平台，对促进资源国和消费国、消费国和消费国之间的了解及增进共识有极其重要的意义。未来，我们应进一步加强智库间的交流，扩大影响力，共同推动五国之间的能源合作。

（2）文明古国政府间、企业间和智库间应开展联合研究，探讨双边和多边合作机会，寻找契合的合作领域和共赢的合作途径，以推动文明古国之间实质开展能源合作。

（3）文明古国间应在现有合作基础上，继续巩固和扩大在油气投资和贸易领域的合作，并结合资源国炼油和化工产业发展计划和中印两国资金及技术实力，加强炼油和化工领域的合作。

（4）中国和印度两国不断增长的石油对外依存度使两国在能源安全方面有共同的需求，应加强中印石油储备方面的合作，共同保障能源安全。

（金焕东根据录音材料整理）

印度炼油和天然气行业发展及合作现状

苏希尔·钱德拉·特里帕蒂　印度能源论坛高级委员、
前印度石油天然气部部长

一、炼油行业发展及合作现状

1. 全球石油消费情况

今天论坛的主题是文明古国能源合作，这些文明古国包括中国、印度、伊朗、伊拉克和埃及等国家。对于未来，各方都有相应的预测。

比如说这些文明古国对世界GDP的贡献。我们来看一下从印度角度进行的预测（见图1），对于埃及等一些古国，这个计算率可能并不准确。图1中红色表示中国，橘色表示印度。2000多年前，中国和印度两国的GDP共占全球的50%以上。但技术革命之后，中国和印度就逐渐落后了，在全球GDP中所占的份额越来越小。不过，近年一些新兴经济体的GDP不断上升。预计到2050年，中国和印度两国的GDP总和将再度占到全球GDP的50%。

从消费总量的角度，印度已经成为主要的石油消费国，但是人均石油消费量较低（见表1）。此外，印度的二氧化碳排放量也是非常大的，并且这种状况将持续下去。这也是印度目前尚未做出碳减排承诺的原因。

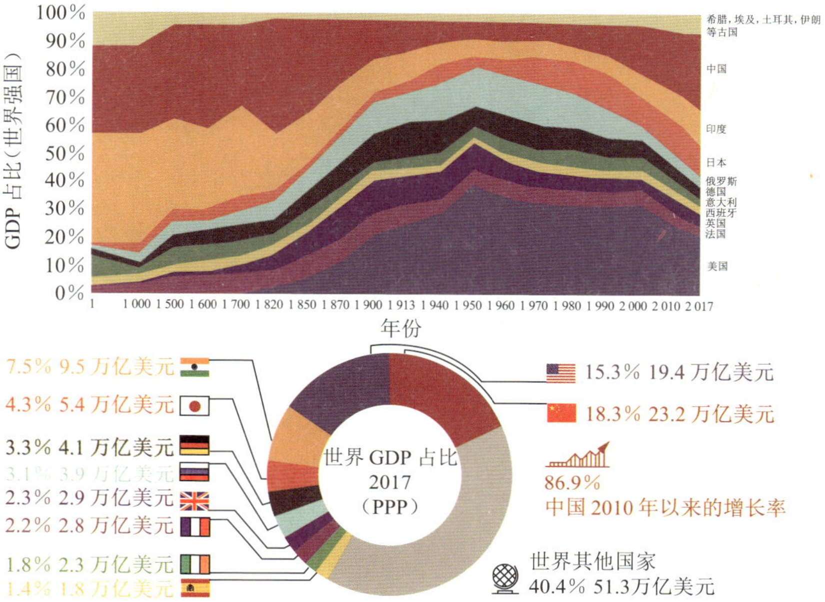

图 1　全球主要国家经济发展历史

表 1　各国人均能源消费量比较（2016 年）

国　家	名义 GDP /（美元 / 年）	石油消费 /（吨 / 年）	能源消费 /（吨油当量 / 年）	二氧化碳排放量 /（吨 / 年）
印　度	1 709	0. 16	0. 54	1. 69
中　国	8 123	0. 41	2. 16	6. 47
美　国	57 467	2. 66	7. 01	16. 51
全　球	10 151	0. 58	1. 75	4. 40

国际上要求更多地使用可再生能源，提高能源使用效率，中国已经承诺将在 2030 年或 2035 年达到碳排放峰值。但到目前为止，印度还未做出任何承诺，印度可能在 2050 年达到碳排放峰值，因此无法做出承诺。目前，印度做出的承诺是到 2021 年提高能源效率，增加可再生能源的使用。

其他的发言嘉宾在演讲当中也提到了，我们必须改变以煤炭为主的能源消费模式，更多地转向非化石燃料，更多地使用天然气和可再生能源。从表 2 可见，天然气的碳排放比煤的碳排放低，因此我们必须改善能源消费结构。我们也希望，包括印度和中国在内的国家，都能够参照表中碳排放的数据，多用天然气，少用煤炭。

表 2　不同类型燃料热值及碳排量比较（2016 年）

燃料类型	热值 /（千焦 / 千克）	二氧化碳排放量 /（能量磅 / 百万英热单位）
煤　炭	25 000 ~ 33 000	214 ~ 229
甲　烷	50 000	117
柴　油	45 000	161
汽　油	45 000	157

图 2 是各家机构对中国、印度、OECD 国家和全球未来石油消费的发展趋势分析。预计全球石油消费量将不断增长，但增幅不大。其中，中国的石油消费量将不断增长，增速放缓；印度的石油消费量增长较多，增速较快。

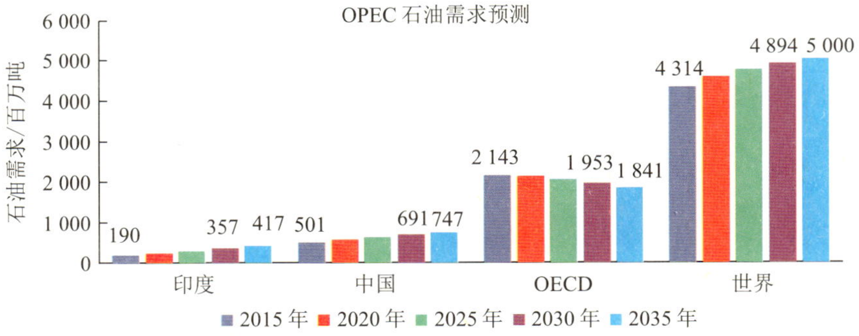

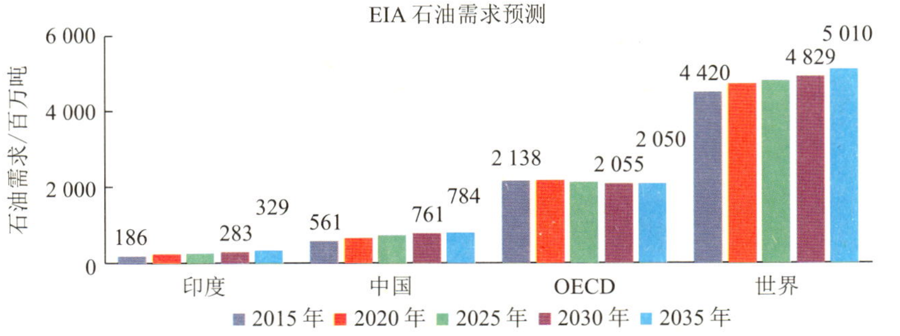

图 2（未完）　各大机构石油需求预测

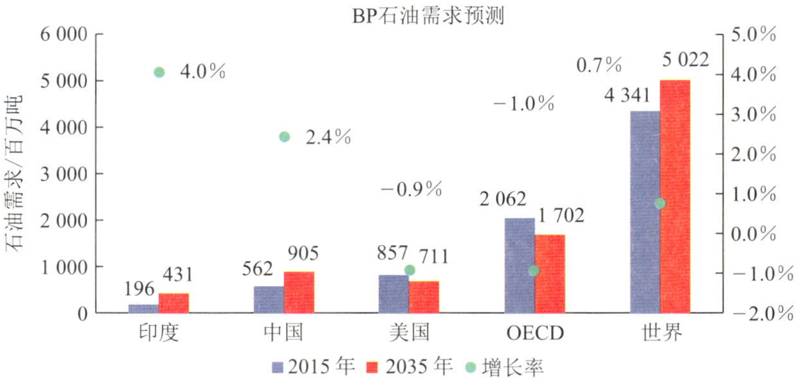

图 2(续) 各大机构石油需求预测

2. 印度炼油业发展现状

表 3 是印度炼厂的数量、产能和地理位置，以及新项目的情况。

表 3 印度炼厂及新项目基本情况

序号	名称	炼油能力 / 百万吨或百万单位				
		现有产能 *A*	优先项目 *B*	其他项目 *C*	额外产能 *D*（*B*+*C*）	未来产能 *E*（*A*+*D*）
1	信实工业有限公司(RIL)					
	a) Jamnagar	60.0	—	20.0	20.0	80.0
	小计	60.0	—	20.0	20.0	80.0
2	印度石油有限公司(IOCL)					
	a) Paradip	15.0	—	—	—	15.0
	b) Digboi	0.65	—	—	—	0.65
	c) Guwahati	1.0	—	—	—	1.0
	d) Koyali	13.7	4.3	—	4.3	18.0
	e) Barauni	6.0	3.0	—	3.0	9.0
	f) Haldia	7.5	0.5	—	0.5	8.0
	g) Mathura	8.0	3.0	—	3.0	11.0

续表 3

序号	名称	炼油能力/百万吨或百万单位				
		现有产能 *A*	优先项目 *B*	其他项目 *C*	额外产能 *D*（*B*+*C*）	未来产能 *E*（*A*+*D*）
2	h）Panipat	15.0	6.0	—	6.0	21.0
	i）Bongaigaon	2.35	—	—	—	2.35
	j）Mundra	—	—	15.0	15.0	15.0
	小　计	69.2	16.8	15.0	31.8	101.0
3	斯坦石油公司（HPCL）					
	a）Mumbai	7.5	2.0	—	2.0	9.5
	b）Vizag	8.3	6.7	—	6.7	15.0
	c）Barmer（Rajasthan）	—	9.0	—	9.0	9.0
	小　计	15.8	17.7	—	17.7	33.5
4	巴拉特石油公司（BPCL）					
	a）Mumbai	12.0	2.0	—	2.0	14.0
	b）Kochi	15.5	—	—	–	15.5
	小　计	27.5	2.0	—	2.0	29.5

2030—2040 年，印度能源需求将达到 2 亿吨的峰值；能源使用效率提高；国内炼油新项目和产量增长，出口更多炼油和石化产品。表 4 是 2007—2017 年印度各种炼化产品产量；表 5 是各种炼化产品的消费量。印度人口数量庞大，在能源使用方面，目前尚有部分人口仍在使用传统的煤炭，但越来越多的人开始使用油气，印度国内能源消费总量在不断增长。交通领域，公共交通使用的是 LPG。印度对于柴油消费的依赖程度也是非常高的。

表 6 是 2007—2017 年印度国内原油和炼化产品的产量以及进出

口量。其中液化石油气的数量非常大，炼厂数量增长也非常快。表 7 是对未来各种油品的需求预测。

表 4　印度炼化产品产量　　千吨

产品	2007—2008	2008—2009	2009—2010	2010—2011	2011—2012	2012—2013	2013—2014	2014—2015	2015—2016	2016—2017
液化石油气	8 868	9 335	10 345	9 624	9 554	9 830	10 032	9 840	10 600	11 252
石脑油	17 993	16 797	18 782	19 309	18 707	18 851	18 507	17 466	17 861	19 757
车用汽油	14 174	16 367	22 554	25 802	27 207	30 120	30 275	32 233	35 321	36 524
航空涡轮燃料	9 103	8 356	9 304	9 817	10 061	10 089	11 210	11 086	11 793	13 809
特种煤油	8 025	8 461	8 833	7 898	8 019	8 057	7 431	7 634	7 503	5 978
高速柴油	58 482	64 139	73 249	77 684	82 929	91 090	93 783	94 337	98 588	102 121
轻柴油	713	609	472	597	502	400	423	351	429	629
润滑油	882	870	950	941	1 027	937	941	887	1 037	1 030
燃料油	12 642	14 714	15 257	18 672	17 722	14 514	12 953	11 482	10 317	11 759
低硫燃料油	3 315	3 046	2 627	1 985	1 711	1 290	507	694	374	272
沥青	4 450	4 620	4 873	4 446	4 599	4 670	4 774	4 690	5 157	5 185
其他	11 247	10 124	17 755	19 010	21 955	27 974	29 478	30 041	32 248	34 377
合计	149 893	157 436	185 000	195 786	203 994	217 821	220 313	220 740	231 228	242 693

表 5　印度炼化产品消费量　　千吨

产　品	2007—2008	2008—2009	2009—2010	2010—2011	2011—2012	2012—2013	2013—2014	2014—2015	2015—2016	2016—2017
液化石油气	12 010	12 191	13 135	14 331	15 350	15 601	16 294	18 000	19 623	21 537
石脑油	13 294	13 911	10 134	10 676	11 222	12 289	11 305	11 082	13 271	13 174
车用汽油	10 332	11 258	12 818	14 194	14 992	15 744	17 128	19 075	21 847	23 765
航空涡轮燃料	4 543	4 423	4 627	5 078	5 536	5 271	5 505	5 723	6 262	6 998
特种煤油	9 365	9 303	9 304	8 928	8 229	7 502	7 165	7 087	6 826	5 397
高速柴油	47 669	51 710	56 242	60 071	64 750	69 080	68 364	69 416	74 647	76 015
轻柴油	667	552	457	455	415	399	386	365	407	449
润滑油和润滑脂	2 290	2 000	2 539	2 429	2 633	3 196	3 305	3 310	3 571	3 353
燃料油和低硫燃料油	12 717	12 588	11 629	10 789	9 307	7 656	6 236	5 961	6 632	7 182
沥　青	4 506	4 747	4 934	4 536	4 638	4 676	5 007	5 073	5 938	5 939
石油焦	5 950	6 166	6 586	4 982	6 138	10 135	11 756	14 558	19 297	23 254
其　他	5 604	4 750	5 400	4 569	4 924	5 509	5 956	5 870	6 352	6 682
合　计	128 946	133 599	137 808	141 040	148 132	157 057	158 407	165 520	184 674	193 745

表 6　印度原油和油品进出口量　　千吨

项　目	2007—2008	2008—2009	2009—2010	2010—2011	2011—2012	2012—2013	2013—2014	2014—2015	2015—2016	2016—2017（P）
进口原油	121 672	132 775	159 259	163 595	171 729	184 795	189 238	189 435	202 850	213 932

续表 6

项目		2007—2008	2008—2009	2009—2010	2010—2011	2011—2012	2012—2013	2013—2014	2014—2015	2015—2016	2016—2017（P）
进口液化石油气		2 833	2 423	2 718	4 484	5 790	6 301	6 567	8 313	8 959	11 042
进口油品	车用汽油	328	397	385	1 702	654	147	235	372	1 012	476
	石脑油	5 983	5 023	1 734	2 063	2 091	1 762	1 020	1 034	2 931	2 768
	航空涡轮燃料	0	0	0	0	0	0	0	140	286	358
	特种煤油	2 489	1 448	985	1 381	564	0	0	30	41	0
	高速柴油	2 951	2 742	2 531	1 996	1 059	528	77	124	177	997
	润滑油基本原料/润滑油	1 253	986	1 419	1 291	1 434	1 977	2 090	2 148	2 264	2 075
	燃料油	3 659	2 760	896	1 013	1 203	1 038	1 331	902	1 170	964
	沥青	35	105	69	98	78	102	246	517	879	905
	其他	2 931	2 702	3 928	3 352	2 977	4 501	5 130	7 722	11 735	16 304
油品进口量		22 462	18 585	14 665	17 379	15 849	16 354	16 697	21 301	29 456	35 890
总进口量		144 134	151 360	173 924	180 974	187 579	201 149	205 935	210 736	232 306	249 822
出口液化石油气		99	109	131	154	174	200	227	254	195	317
出口油品	车用汽油	4 258	5 440	9 771	13 578	14 524	16 657	15 247	16 048	16 817	15 416
	石脑油	9 297	7 601	10 043	10 655	10 139	8 647	8 322	7 008	7 116	8 762

续表 6

项目		2007—2008	2008—2009	2009—2010	2010—2011	2011—2012	2012—2013	2013—2014	2014—2015	2015—2016	2016—2017（P）
出口油品	航空涡轮燃料	4 486	3 701	4 588	4 478	4 561	4 664	5 745	5 520	5 686	7 270
	特种煤油	137	77	46	33	34	23	15	15	10	15
	高速柴油	14 308	14 720	18 451	20 335	20 407	22 464	26 469	25 559	24 037	27 301
	轻柴油	0	0. 4	41	98	84	9	30	6	0	131
	润滑油基本原料/润滑油	311	139	28	29	27	59	20	11	17	13
	燃料油	4 718	6 207	5 186	6 734	7 895	5 922	6 159	4 762	2 806	2 248
	沥青	43	45	31	56	5	87	95	94	101	38
	其他	3 122	905	2 839	2 927	2 988	4 675	5 535	4 653	3 753	4 016
总出口量		40 779	38 944	51 155	59 077	60 837	63 408	67 864	63 932	60 539	65 527
净出口量		103 355	112 416	122 769	121 897	126 741	137 742	138 071	146 804	171 768	184 295
油品净出口量		18 317	20 359	36 490	41 698	44 988	47 054	51 167	42 631	31 083	29 637

表 7　印度炼化产品需求预测　　千吨

产品	2017—2018	2018—2019	2019—2020	2020—2021	2021—2022
石油气	22 597	23 271	23 868	24 342	24 770
车用汽油	24 527	26 587	28 774	31 095	33 651
石脑油	12 516	14 185	14 923	15 388	15 388
航空涡轮燃料	9 263	10 022	10 829	11 673	12 517

续表 7

产　品	2017—2018	2018—2019	2019—2020	2020—2021	2021—2022
特种煤油	6 549	6 352	6 162	5 977	5 798
高速柴油	86 762	92 050	97 859	104 101	110 785
轻柴油	400	400	400	400	400
润滑油	3 120	3 207	3 297	3 389	3 485
燃料油	7 845	7 845	7 845	7 845	7 845
沥　青	6 305	6 544	6 687	6 878	7 165
石油焦	11 419	12 651	14 000	15 476	17 089
其　他	6 142	6 071	6 103	6 085	6 067
合　计	197 445	209 185	220 747	232 649	244 960

印度将推进油品质量升级。印度很多城市的污染非常严重，特别是当冬天污染物扩散条件变差时，常常甚至每天都能闻到空气中污染物的气味，呼吸都很困难。首都新德里的冬天更是污染严重。因此印度政府出台了一系列治理措施，包括公布燃油规范、新车排放需满足欧Ⅵ标准等。

印度炼厂数量也在不断扩大。2017 年 8 月，俄罗斯 Rosneft 以 130 亿美元收购印度埃萨石油公司（Essar Oil）49%的股权，埃萨石油的出资方 Ruias 公司仍保留其中 2%的股权。埃萨石油的主要资产是位于古吉拉特邦的年产能为 2 000 万吨的瓦迪那炼油厂，这是一个非常大的投资。交易达成之后，这将是印度史上最大的外国直接投资项目。

3. 印度炼油业的合作与发展

印度炼油业的合作与发展有三项重要的具体方案。

一是在印度西海岸建立大型石化综合体。根据政府的指示，印度三大国有公司——印度石油有限公司(IOCL)、巴拉特石油有限公司(BPCL)和印度斯坦石油公司(HPCL)将组建一个特殊目的机构(SPV),在马哈拉施特拉邦沿海建设一座大型炼油厂和一座石油化工综合体。该炼厂的产能为6 000万吨/年,分两期建设,每年4 000万吨和2 000万吨,主要生产石油化工产品。

二是到2030年逐步淘汰石油燃料汽车。改造印度国家研究院(NITIAayog, The National Institution for Transforming India Aayog)制定了“电动汽车政策”,计划到2030年实现仅销售电动汽车的目标。电动汽车面临的挑战包括电动汽车用锂离子电池成本高昂以及缺乏基础设施,特别是缺乏电池充电站。

三是政府将其持有的HPCL的股份出售给ONGC。根据市场价格,ONGC预计将在2017年11月或12月,通过大宗或板块交易收购政府在HPCL的51. 11%的股份。此项交易将给政府带来3 000亿卢比的收益。根据2013年印度公司法第2(45)条,HPCL仍属政府所有,将继续由印度政府通过ONGC控制,由印度石油和天然气部(MoPNG)管理。

同时印度在采取一些措施,推动印度公司进入油气上游、下游以及天然气的不同领域。在原油和其他油品价格的影响下,印度需要建立综合的一体化石油公司,能够承担更大的风险,并走出印度,建立炼厂,收购海外资产。目前印度正逐步推进这个过程,不断收购油气资产,但是不如中国公司那么成功。据统计,印度的海外投资总额只有250亿美元,而中国公司的海外投资已经高达2 000多亿美元,远远超过了印度公司。

在2015年约翰内斯堡油气大会上,我向参会的中国发改委代表建议,中国和印度的公司需要合作而不是竞争,因为竞争会促使价格上升。中国和印度有着非常好的合作经历,我们可以把它们复制在其他地方。希望中国和印度的公司能够有更好的合作。中国和印度都是主要的油气进口国,我们的油气价格也是可以共享的。同时,我希望其他的中国公司也能够加强与印度的合作,双方通过合作获得长足的发展,成长为更加强大的公司。

二、天然气供应及运输

印度一次能源消费中,天然气消费量只占6%(见表8)。刚才有嘉宾演讲当中提到,印度的天然气消费量占比曾上升到11%,后来又下降到6%,最主要的原因是油价比较低,当然还有一些其他原因。从供应链或消费者的角度来说,消费者无法知晓他们的需求能否获得充足的供应,往往是在有需求的时候却得不到供应。印度希望能够改善这一状况,特别是希望在多个城市建立起基于天然气的公共交通体系,减少城市污染。

表8 印度一次能源消费

燃料类型	2005年消费/百万吨油当量	2005年占比/%	2016年消费/百万吨油当量	2016年占比/%
石　油	120	33	213	30
天然气	32	9	45	6
煤　炭	184	50	412	57
核　能	4	1	9	1
水　力	22	6	29	4
可再生能源	2	1	16	2
合　计	364	100	724	100

来源:2017年BP能源统计。

印度与中国一样,关注气候变化,关注碳的捕捉和储存。印度人口数量庞大,能源需求量很大,进口量也大。印度是世界主要的LNG和天然气消费国,其天然气主要用于发电。尽管未来可再生能源的价格可能比天然气价格更低，但是印度仍将提高天然气消费的比例，把利用天然气作为未来能源发展战略之一。

印度国内天然气产量很小，需要大量进口，进口主要来自卡塔尔。此外，印度也在寻求与伊朗的合作，但到目前为止合作并不太成功。印度一方面希望进一步推进与卡塔尔的合作，另一方面也在寻求通过LNG或者管线实现进口来源多元化。TAPI天然气管线是其中之一，该管线从土库曼斯坦经阿富汗和巴基斯坦向印度输送天然气。表9是运营和在建的LNG基础设施。

表9　印度LNG终端设施

序　号		终　端	运营方	储存能力/（百万吨/年）
现有终端	1	Dahej 达赫	印度 PetronetLNG 公司	15. 0
	2	Hazira 哈兹拉	壳牌、道达尔燃气电力公司	5. 0
	3	Dabhol 大博	印度天然气管理有限公司，印度国家火电公司	5. 0
	4	Kochi 科钦	印度 Petronet LNG 公司	5. 0
	合　计			30. 0
在建终端	1A	Dahei 第三阶段扩能	印度 Petronet LNG 公司	

印度也将形成与电力传输网络一样的天然气输送网络。表10和表11是未来印度的天然气传输网络构成。目前，印度国内的天然气管网正在不断完善和壮大。

表10　印度现有天然气管线

序　号	运营方	长度/千米	占　比
1	印度天然气管理有限公司（GAIL）	11 077	69%
2	印度信实天然气和运输公司（RGTIL）	1 469	9%
3	印度 GSPL	2 355	15%

续表 10

序　号	运营方	长度 / 千米	占　比
4	印度 AGCL / OIL / DNPL	1 000	6%
5	印度石油公司	140	1%
6	印度国油	24	0%
合　计		16 065	100%

来源：印度石油规划和分析小组（PPAC），野村综合研究所。

表 11　印度在建和计划建设的天然气管线

管网 / 地区	运营方	长度 / 千米	设计运力 /（百万立方米 / 日）
Kochi-Koottanad-Mangalore	GAIL	1 063	16
Dahhol-Bengaluru（DBPL）	GAIL	315	16
Surat-Paradip	GAIL	2 112	77
Jagdishpur-Haldia	GAIL	1 860	32
Mallavaram-Bhilware	GSPL	2 042	78
Mehsana-Bhatinda	GSPL	2 052	77
Bhatinda-Srinagar	GSPL	725	42
Kakinada-Srikakulam	APGDC	391	90
Shadol-Phulpur	信实燃气	312	4
Ennore-Nellore	印度燃气输送公司	430	36
合　计		11 302	468

来源：印度石油规划和分析小组（PPAC），公司数据，野村综合研究所。

表 12 是 2005 年和 2016 年全球一次能源消费按品种分类的占比表。图 4 是 2016—2025 年全球 LNG 供应图。从图上看，目前是发展 LNG 贸易的最好时期。很多国家都想获得 LNG 长期合同和合作，印度公司非常期待与各国开展 LNG 长期合作。

表 12 全球一次能源消费

燃料类型	2005 年消费/百万吨油当量	2005 年占比/%	2016 年消费/百万吨油当量	2016 年占比/%
石　油	3 901	36	4 418	34
天然气	2 501	23	3 201	24
煤　炭	2 982	28	3 732	28
核　能	627	6	592	4
水　力	662	6	910	7
可再生能源	84	1	417	3
合　计	10 757	100	13 270	100

来源：2017 年 BP 能源统计。

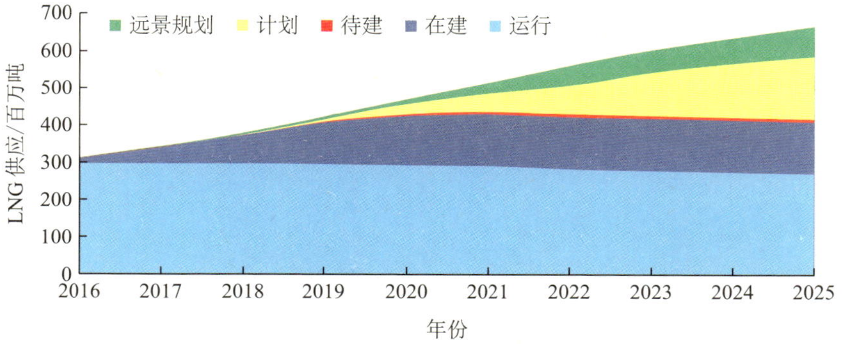

图 4 2016—2025 年全球 LNG 供应

举个例子，福岛事件影响的不仅是日本，福岛核泄漏导致日本国内能源短缺，日本开始在海外购买 LNG，而日本的购买力比印度高出 30～40 倍，因此推高了 LNG 价格，使得印度买不起 LNG。不过现在日本正在建新的核电厂，LNG 需求逐步减小。对于印度来讲，还有很多其他敏感因素，如油气价格等，但是我们对于自己国家的能源发展还是很有信心的。

表 13 和表 14 分别是 2016 年全球十大天然气进口国家和地区及十大天然气出口国的进、出口情况。中长期内，印度将实现天然气进口来源多元化，同时将继续与卡塔尔这样的天然气生产大国进行沟通合作。

表 13　2016 年全球十大天然气进口国家和地区

排　名	国家和地区	进口量/百万吨	占比/%
1	日　本	83. 34	31. 61
2	韩　国	34. 19	12. 97
3	中国大陆	27. 42	10. 40
4	印　度	18. 99	7. 20
5	中国台湾	15. 07	5. 72
6	西班牙	10. 17	3. 82
7	埃　及	7. 50	2. 85
8	英　国	7. 48	2. 84
9	法　国	5. 55	2. 07
10	土耳其	4. 59	1. 74
其　他		49. 50	18. 78
全球进口量		263. 62	100. 00

来源：LNG 进口商国际组织（GIIGNL）2017 年年度报告。

表 13　2016 年全球十大天然气出口国

排　名	国　家	出口量/百万吨	占比/%
1	卡塔尔	79. 42	31. 98
2	澳大利亚	44. 88	12. 01
3	马来西亚	25. 08	10. 19
4	尼日利亚	17. 78	7. 95
5	阿尔及利亚	11. 44	7. 35
6	俄罗斯	10. 7	4. 95
7	特立尼达和多巴哥	10. 46	4. 82
8	阿　曼	8. 12	4. 31
9	巴布亚新几内亚	7. 66	3. 08
10	文　莱	6. 29	2. 93
其　他		41. 79	10. 43
全球出口量		263. 62	100. 00

来源：LNG 进口商国际组织（GIIGNL）2017 年年度报告。

这也是当前的趋势，不同的情景正在推动LNG贸易发展。虽然管道天然气贸易较为便捷，但有时会面临地缘政治风险。尽管LNG贸易的价格略高，但如果初期资本投资充足的话，就可以避免许多不确定因素。以前一般认为LNG贸易是长期贸易，现在也开始有现货贸易。

最后我提一个建议，我们需要通过合作来获得共同发展。我们2050年以前的目标是大力发展天然气行业，我们五个国家，既有油气消费大国也有油气生产大国，特别是作为亚洲国家，应该在石油天然气领域开展紧密合作，像欧洲国家那样建立共同市场。

（孙依敏根据发言录音整理）

中国炼油工业现状及合作发展展望

曹建军　中国石化咨询公司优化咨询中心副主任

一、中国炼油工业现状

1. 支撑国民经济发展需要

新中国成立以来，经过 60 多年的发展，原油加工能力从 1949 年的 17 万吨/年起步，1964 年突破 1 000 万吨/年，1983 年突破 1 亿吨/年，2009 年突破 5 亿吨/年，2016 年达到 7.83 亿吨/年，当年加工原油 5.41 亿吨，生产成品油 3.48 亿吨，基本实现成品油的自给自足（见图 1）。

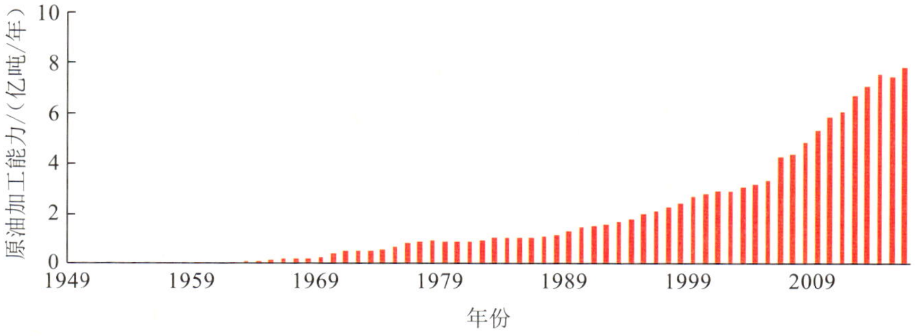

图 1　我国原油加工能力发展变化

数据来源：EDRI

目前，中国已发展成为世界炼油工业大国，炼油能力仅次于美国，列世界第二位。中国的炼油能力以满足国内需求为主，少量产品通过进出口贸易平衡。2000 年以来，除个别年份外，成品油基本为净出口(见图2)。

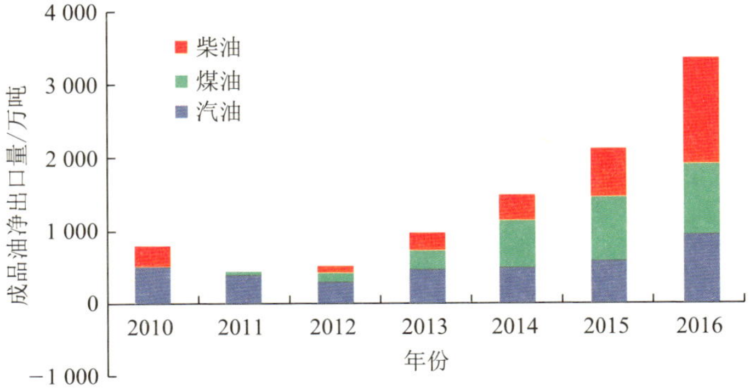

图2　成品油净出口量变化

数据来源:EDRI

2. 已经实现以成品油质量升级为代表的产业升级

从1997年汽油无铅化开始,汽油和柴油经历了多次质量升级,以硫含量为代表的质量指标不断提升(见图3)。目前,中国执行相当于欧Ⅴ的国Ⅴ标准,2019年即将在全国实施国Ⅵ标准,其中部分指标严于欧Ⅵ标准,目前部分省市已经提前实施国Ⅵ标准。目前,我国国内汽、柴油标准指标已达到国际领先水平。

3. 具备了较强技术和工程实力

经过60多年的发展,中国炼油工业通过自主研发和技术引进吸收,不断加大科技投入,强化科技创新,积极组织技术攻关和开发,已拥有一批自主知识产权的核心技术和专有技术,部分自有技术已出口到国外。目前,中国已经具备依靠自有技术成套建设千万吨级炼油以及部分下游衍生物生产装置的能力。

4. 致力于环境友好,产业与社会和谐发展

2012年,中国石化发布了国内首个《环境保护白皮书》,宣示公司绿色低碳的实践、成效和承诺。2013年和2014年中国石化先后实施了“碧水蓝天”环保计划和“能效倍增”专项计划,其中为期三年

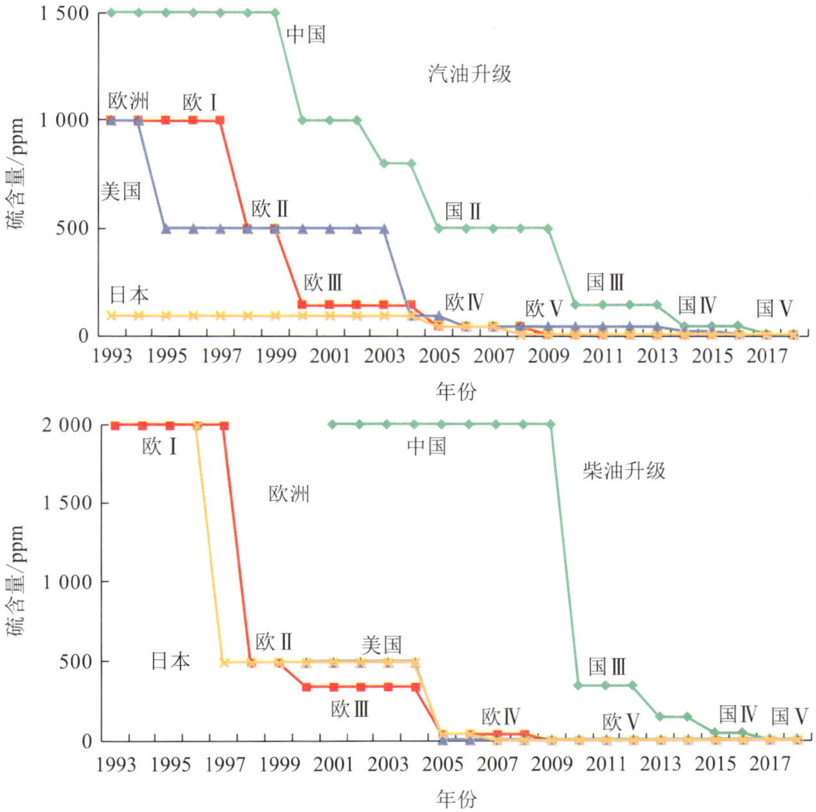

图 3　车用汽、柴油质量升级进程对比(注:1 ppm 换算为质量分数 0.000 1%)

数据来源:EDRI

的“碧水蓝天”行动已经圆满结束;2014 年正式启动的“能效倍增”计划,承诺到 2025 年完成。中国石油也陆续推出了《低碳发展路线图》《生态保护行动纲要》《污染物排放达标升级计划》等行动计划。

我们的炼油化工企业在周边建起了白鹭园。白鹭是对环境相当敏感的动物,能在炼油厂附近繁衍生息,说明中国炼油企业的环境保护做得非常好。

为美好生活加油。加油这个词在中国有两层含义:一是石油公司为社会提供油品;二是为了美好生活努力前进。

5. 大型化、规模化发展成效显著

我国炼油工业注重规模化建设,近年新建炼厂全部是千万吨级炼厂。同时进行了大量规模化、大型化改造，截至2016年底，炼油能力在1 000万吨/年及以上的炼厂有24家，最大单厂炼油能力为2 300万吨/年，排在世界前20位。目前炼油能力在2 000万吨/年以上的炼厂有3座，今年将达到4座。

新装置普遍大型化，目前国内单套装置最大处理能力已达到国际先进水平，如原油蒸馏能力。今年云南炼化投产以后，炼油能力达到1 300万吨/年，其中催化裂化能力达到480万吨/年，加氢裂化能力达到400万吨/年，柴油加氢能力达到410万吨/年。

6. 信息化水平大幅度提高

企业资源计划（ERP）、生产执行系统（MES）等信息系统已在中国炼油工业得到广泛应用，部分大型炼化企业的生产数据自动化采集率和先进的过程控制系统的投用率达到90%以上，通过生产管理系统的集成应用，企业可以及时掌握生产经营动态、远程控制装置运行、整体优化资源配置，提升了协同生产水平和运营管理效率。

随着“中国制造2025”的推进，已经开展“智能工厂”的示范建设，“两化融合”将成为下一个产业增长点。

二、中国炼油工业发展趋势

1. 由大转强

中国已连续十多年位居世界第二炼油大国，但目前还不是炼油强国。在产业竞争力、劳动效率等方面我国不乏亮点，但与世界先进水平相比，我国炼油工业整体水平仍有差距。个别企业可以达到世界先进水平，部分指标可以达到世界领先水平，少数企业可达到世界先进水平，多数企业处于中等或偏下水平，其中部分属于落后产能。

在产业布局规划方面，中国普遍推行基地化发展，出台了石化产业规划布局方案，重点建设十大石化产业基地。中国石化提出在“十三五”期间投资2 000亿元，打造茂湛、镇海、上海、南京四个世界级炼化基地。其共同特点是，布局重点在沿海和经济较发达的地区，体现了中国炼油工业发展的一个方向。

2. 结构调整

近年来，国内成品油需求增速已呈现明显的放缓势头，与之相对应，石油需求增速放缓，2025—2030 年期间将达到 7 亿吨 / 年左右的峰值。各种炼油产品需求峰值轮替出现。2004 年出现燃料油需求峰值；目前柴油处于峰值平台期，需求量为 1. 7 亿吨 / 年左右；汽油峰值可能出现在 2025 年前后，峰值约为 1. 8 亿吨 / 年；航煤和化工轻油在 2030 年前将持续保持增长，峰值可能在 2040 年左右。

近年受国民经济结构调整影响，中国的油品消费结构发生重大变化，消费柴汽比不断降低。“十一五”期间平均在 2 以上，2016 年已降至 1. 39，预计 2020年降至 1. 1左右，2030年降至 0. 8～0. 85（见图4）。

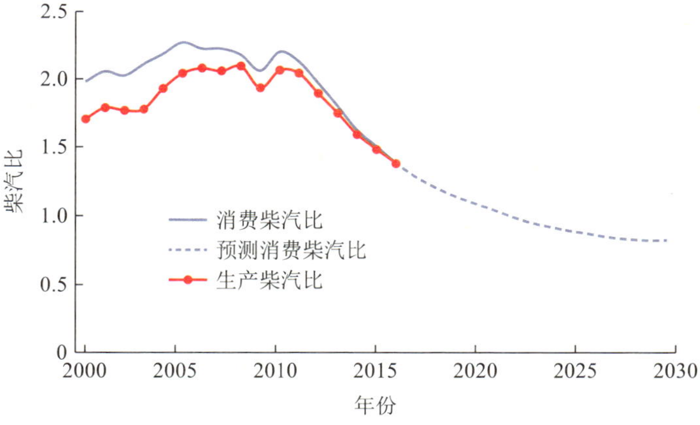

图 4　柴汽比变化趋势

3. 产业升级

兑现国家减排承诺的要求，日益严峻的生态环境，日渐严格的安全、环境等法律规定，以及社会公众对炼化产业对生态影响的关注和质疑等，对炼油工业的安全、环保、选址、运行等提出更高要求，这也是中国炼油企业自发的动力，炼油工业迫切需要进行产业升级，打造成为可持续发展、社会和谐的绿色工业。

未来，炼油企业的安全、环保、节能、减碳水平将成为决定其生存空间的关键要素，需从管理、技术等多方面入手，提升水平，促进产业升级。

4. 协同发展

强调多元化发展。一是原油的来源和性质多元化，需要拓展原油的获取渠道，保证国内需求。二是成品油组成来源多元化，目前以石油为主，但煤制油和生物质油也正在逐步推进。在生物质方面，2017年9月中国已提出全面推广乙醇汽油。三是炼化原料多元化，以石油为主，逐步扩大煤、甲醇、轻烃和天然气占原料的比例。其中，煤受到其经济性等因素的约束，在炼化原料中所占比例不大，但轻烃和天然气逐步成为重要的炼化原料，增长势头非常明显。四是能源来源多元化，提倡多能集成互补，包括太阳能、风能和地热，各大公司也在普遍发展可再生新能源。

交通燃料替代呈现多元化。如图5所示，目前天然气是主要的替代品，替代成品油约1 400万吨，约占交通替代燃料的60%。未来近、中期内，在国家政策推动下，生物燃料发展速度将加快，甚至以超常规速度发展；远期将以电动汽车作为主要的替代品，电动革命的影响巨大。欧洲发展电动汽车的潮流推动电动汽车的发展，也将给中国的政策带来新的影响。

三、炼油工业合作发展展望

对外开放是中国几十年来的一贯国策，近年得到进一步发展，列入了2015年中国共产党十八届五中全会确立的五大发展理念。在产业层面，中国提出了能源安全发展的“四个革命、一个合作”战略，要求全方位加强国际合作，实现开放条件下的能源安全；在企业层面，中国石化和中国石油分别将“开放合作”和“国际化”明确为公司的发

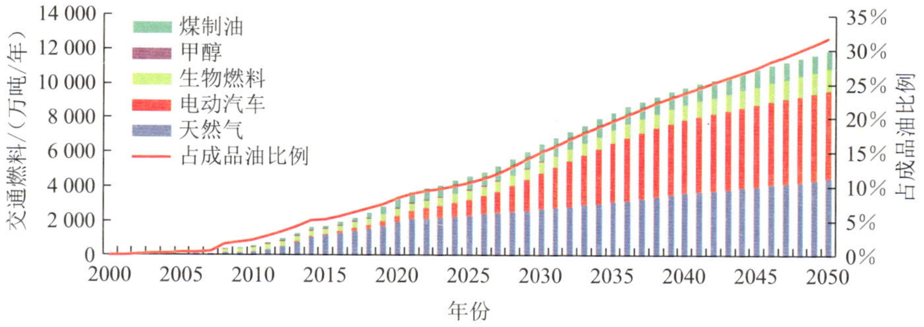

图 5　成品油替代结构变化

数据来源：EDRI，2017 年 6 月

展战略。希望通过中国提出的“一带一路”倡议，促进经济要素有序自由流动，实现各国产业之间的开放包容、均衡普惠的合作框架。

中国炼油工业与相关国家可以展开多方位的合作发展。第一，以资源为纽带，构建安全稳定的资源通道和保障体系，实现优势互补、互利共赢；第二，以市场为纽带，采取合作或者“走出去”“引进来”等多种方式，发展炼油产能、基础设施及产品贸易，包括发展有机化工市场；第三，以技术为纽带，在技术、装备、催化剂、工程建设、运行维护等多方面开展合作，提升技术和运行水平，把炼化技术打造成国家的第三张名片（目前，中国炼化企业通过自我完善和自我提升，已经处于国际较高水平）；第四，以资本/资金为纽带，打造利益共同体，实现利润共享、风险共担。第五，上、下游产业合作相结合，开展全产业链合作。上游包括油气资源勘探开发，下游包括成品油市场和一些化工市场。

作为文明古国，中国和各国都有悠久的历史传承和深厚的文化底蕴，很容易寻找到共同的语言。中国文化的特点是具有很强的包容性，合作共赢是制定政策的基本考虑。同类业务之间可以互相借鉴，取长补短；互补性业务之间可以实现共赢。中国与各国在石油资源、产品市场、技术装备等多方面具有较强的互补性，合作发展前景值得期待。

（孙依敏根据发言录音整理）

印度新能源和可再生能源发展

萨蒂亚纳拉扬•丹加亚赫　Sintex工业公司董事、总经理

在印度，作为化石能源的替代能源，新能源和可再生能源往往是放在一起的。印度早在1977年就成立了相关机构研究新能源和可再生能源，1982年成立了非传统能源资源部（DNES），职能是推动风能、太阳能、生物质能、地热能等新能源的发展。2014年莫迪当选总理后，进行了能源部门整合，将非传统能源资源部与电力部合并，成立了新能源与可再生能源部（MNRE），致力于通过多种途径降低印度对化石能源的依赖。另外，发展清洁能源也是印度气候变化国家行动计划（NAPCC）的重要组成部分。莫迪本人非常支持绿色发展，提出了许多国家级的项目，因此当前在印度，很多人看好新能源和可再生能源的发展前景。

印度可再生能源发展取得不俗成绩。从能源统计数据可以看出，当前印度的发电总装机容量是32万兆瓦，根据MNRE的数字，已并网的可再生能源发电装机容量为5万兆瓦，占发电总装机容量的16%。此外，还有1 500兆瓦未并网的可再生能源发电装机容量。过去5年，印度的新能源产业取得了长足的发展。首先，在太阳能光伏方面，应用规模由小变大，已广泛应用在路灯、屋顶、泵站、工业和公共设施等方面，在全国已形成涵盖太阳能电站安装、维护和维修的完整的产业生态系统。在偏远的农村地区，太阳能泵已逐步取代柴油泵或电泵，应用于农业，而农业在印度的规模很大。其次，在风电方面，印

度在风力资源丰富的地区，成功安装和整合了大量的风力发电设备。在其他新能源领域，印度成功安装了不同规模的生物质发电、垃圾发电、沼气发电、小型水电等发电机组，积极拓展与中国的合作，发展迅速。目前，这些新能源发电已形成了较大的运营规模，特别是沼气发电，印度有一个战略叫“清洁印度使命”，致力于农业与能源领域的结合，建设了大量的沼气发电设施，并使沼气发电站的有机化肥产业成功实现了商业化。

印度可再生能源发电成本具有竞争力。6年前，印度开始加速发展新能源，那时的成本很高，但经过近5年的发展，无论是设备购置和安装，还是发电环节，成本都大大降低。目前，规模化的太阳能电站装机成本为60万美元/兆瓦，发电成本为4.6美分/千瓦时；规模化的风能电站装机成本为90万美元/兆瓦，发电成本为4.6美分/千瓦时，均低于规模化的煤电站成本（装机成本为110万美元/兆瓦，发电成本为6.5美分/千瓦时）。新能源在10千瓦的小型电站的优势更加明显。小型太阳能发电机组装机成本为770美元/千瓦，发电成本为6美分/千瓦时；小型沼气发电机组装机成本为2 200美元/千瓦，发电成本为15美分/千瓦时，但生产每度电可产出23美分的副产品化肥，故其综合生产成本实际为－8美分/千瓦时；而小型柴油发电机组装机成本为150美元/千瓦，发电成本高达30美分/千瓦时。

印度可再生能源发展有较多成熟经验。总结过去5年取得的成绩，有以下七点经验可分享：一是要综合不同类型的多种能源资源利用方案，不能只局限于单一的一种方案；二是基于成本定价和基于价值定价相结合，不仅要反映成本，还需反映市场变化；三是要进行需求分析，包括连续的、不连续的和时断时续的需求，以决定如何生产、如何暂停，这对新能源来说很重要，比如太阳能就可以在白天有需求的时候生产，晚上需求较低的时候不生产；四是在印度有超过50%的能源用于采暖、炊事、烧水、蒸汽等热能利用方面，如果我们可以充分利用光热，就可以找到一个低成本的能源解决方案；五是扩大沼气的利用，发挥粪便、厨余垃圾等废弃物的利用价值，将其转化为甲烷，政府的补贴可以提升民众利用沼气的积极性；六是要注重水资源和能源资源的密切关系；七是需要强化能源和水资源的需求侧管理，提高能源的利用效率。

加速发展新能源和可再生能源也面临一些挑战和障碍：一是缺少能源利用的时间数据；二是储能技术；三是电力传输和电网稳定性问题；四是基于成本定价而不是基于价值定价；五是使用化石能源未考虑环境成本；六是缺乏资金和灵活的商业模式。

新能源领域将催生众多新的商业模式，发展潜力巨大。在光伏领域，充分考虑经济性后，工业部门和相关机构屋顶太阳能板的普及率可达到40%～50%，居民部门可达到20%～30%，农业部门可广泛应用太阳能泵，交通部门可能会出现新的商业模式，如服务于电动汽车的太阳能充电站等。在光热领域，可发展太阳能用于加热工业用水，食堂、酒店的炊事，以及偏远农村地区家庭的炊事。在风能领域，主要发展小型风机和海上风机。在生物质领域，主要是致力于将所有的动物和厨余废弃物转化为沼气和有机肥料。在微电网领域，主要是将各种可再生能源整合起来，以满足特定地区全部的能源需求，包括生活、冷藏、农业和地方工业等。

印度对可再生能源发展设定了宏大目标。预计2022年风电装机容量达60吉瓦，太阳能装机容量达100吉瓦，其他可再生能源15吉瓦，合计达175吉瓦。这个目标考虑了印度市场需求的增长和可再生能源的并网问题。

中印可再生能源合作潜力巨大。其中直接项目合作包括：设备供应、在印度生产设备零部件、EPC合同等，在项目各个环节都有合作空间。间接的合作包括：日本等国提供的低息贷款、各类新能源相关知识和技术的共享、电动汽车技术共享等，实现产学研深度结合。

可再生能源就像一个创业公司一样，在能源结构中只占2%～2.5%，但这是一个全新的产业，会出现各种技术创新和商业模式，推动其发展。未来，传统能源产业因为初期投资大，只适合成熟的大公司参与。而可再生能源单体规模较小，投资较少，适合新兴企业参与。中国和印度在这方面可加大合作，共同创造具有颠覆性的、经济可行的、可持续发展的未来。

（任重远根据发言录音整理）

中国新能源发展现状及趋势

林东龙　中国石油经济技术研究院信息资源开发中心主任

一、背景

1. 概念

新能源通常是指非水可再生能源与核能的总称，即太阳能、风能、生物质能、海洋能、地热能和核能。

2. 政府举措

在能源转型和能源发展过程中，多国亟须应对气候变暖问题，环境治理和生态保护压力极大。就中国而言，政府面临着巨大的压力。北京空气质量长期受雾霾影响，发展新能源是我国政府的一大战略举措。为推动新能源研究，政府已制定出新能源发展的战略与目标，以及一系列促进措施以鼓励新能源发展。

二、中国新能源发展现状

1. 中国新能源快速发展，成为全球增长主力

我国已成为新能源大国。我国在新能源开发和消费两方面，已达到世界领先水平。2016 年，我国新能源开发利用总量显著上升，达到 2.52 亿吨标煤水平，增量占全球的 50%（见图 1）。就消费量而言，我国首次超越美国，占全球可再生能源消费总量的五分之一，成为全球可再生能源的最大消费国。

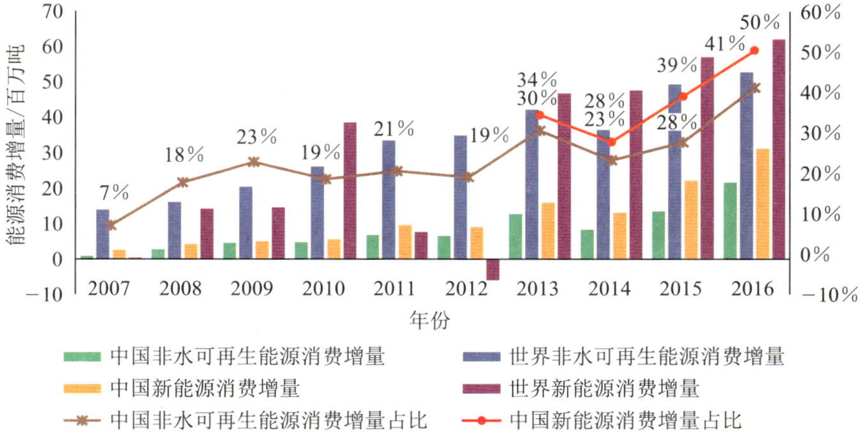

图 1　2007—2016 年中国新能源和非水可再生能源消费增量变化

2. 中国引领全球新能源行业发展，国际地位不断提高

我国可再生能源领域经历多年的快速发展后，已在该领域多项指标中位列世界领先水平（见图 2），具体表现在以下三个方面。

	全球排名第一
可再生能源电力和燃料投资（不含大于 50 兆瓦的水电项目）	中国
每单位 GDP 对可再生能源电力和燃料投资	玻利维亚
地热发电容量	印度尼西亚
水电容量	中国
光伏发电容量	中国
光热（CSP）容量	南非
风电容量	中国
太阳能热水容量	中国
生物柴油产量	美国
生物乙醇产量	美国
太阳能热水集热容量	中国
人均太阳能热水集热容量	巴巴多斯
地热容量	中国
人均地热容量	冰岛

图 2　中国新能源多项发展相关指标位居世界领先水平

一是投资规模不断扩大，随着该领域的不断兴起，我国可再生能源在电力和燃料项目的投资额（不含大于50兆瓦的水电项目）常年位列世界第一，引领新能源行业发展。二是产业规模不断扩大，风电、光伏发电、太阳能热利用、地热利用等各类可再生能源装机规模均已连续多年稳居世界第一。三是产业链不断完善，中国已经形成了涵盖研发、制造、设计、施工、运行等各环节的新能源全产业链，风机设备、多晶硅、硅片、光伏电池生产规模均居世界第一。此外，我国新能源产业规模仍在稳健扩张，截至2016年，中国核电机组并网运行17台，开工建设13台，在建规模世界第一。

3. 新能源发电是中国新能源开发利用的主要方式

新能源在我国的应用方式以发电为主，发电占新能源消费总量的71%。具体比例为，风力发电30%、核电25%、光伏发电8%、生物质发电8%（见图3）。其余主要为太阳能热利用（23%），生物固体、液体燃料，地热能，海洋能等开发利用的占比较低。

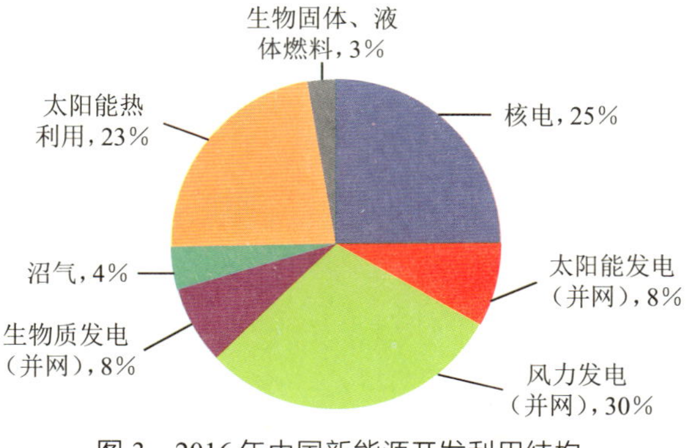

图3　2016年中国新能源开发利用结构

发电装机容量：2016年，我国新能源发电总装机容量达3.16亿千瓦，占全国发电总装机容量的19.2%，比2011年大幅提高12.7%。其中，非水可再生能源装机容量为2.38亿千瓦，核电装机容量为7 742万千瓦，分别占全国发电总装机容量的14.5%和4.7%。

4. 太阳能光伏发电发展最为迅速

我国光伏发电产业快速发展，主要体现在以下三个方面。

一是产业规模逐渐扩大。光伏发电累计装机容量从2010年的86万千瓦增长到2017年3月的8 463万千瓦，增幅近100倍。2015年，中国一跃成为全球光伏发电装机容量最大的国家，并于第二年蝉联世界第一，较位列第二的日本高出近一倍。2016年，受国家上调光伏标杆电价影响，我国光伏发电量飞速扩张。新增光伏发电并网容量3 454万千瓦，累计并网容量达到7 742万千瓦，同比增长79%（见图4）。

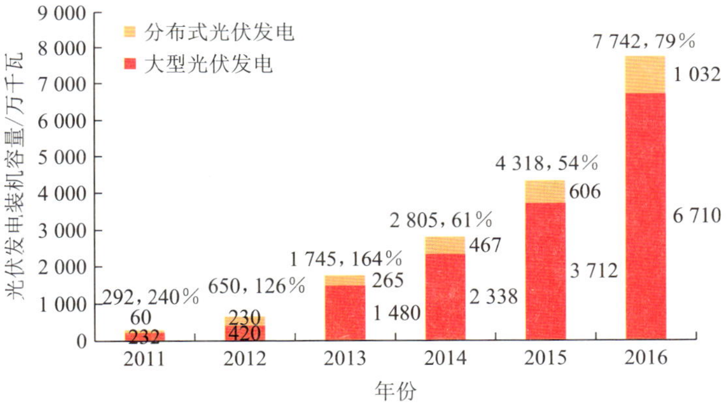

图4　2011—2016年中国光伏发电装机容量变化

我国是光伏设备制造大国，全球十大光伏制造企业中，中国占8家。我国生产的光伏产品，以多晶硅、电池片以及光伏组件为主。2016年我国多晶硅的产量为19.4万吨，占全球总产量的48.5%；电池片产量达5 100万千瓦，并已开始出口印度、韩国、日本、德国、菲律宾等国家；光伏组件产量也保持较高水平，目前占全球产量的10%，连续10年位居第一，主要出口日本、荷兰、美国等国家（见图5）。

二是节能创效技术进一步革新。首先体现在光伏发电技术进步带动成本下降。随着PERC、黑硅等技术实现规模化生产，产业规模持续扩大，建设成本和上网电价不断下降（见图6），“十二五”期间光伏电站的成本降至7元/瓦左右，降幅超过45%。

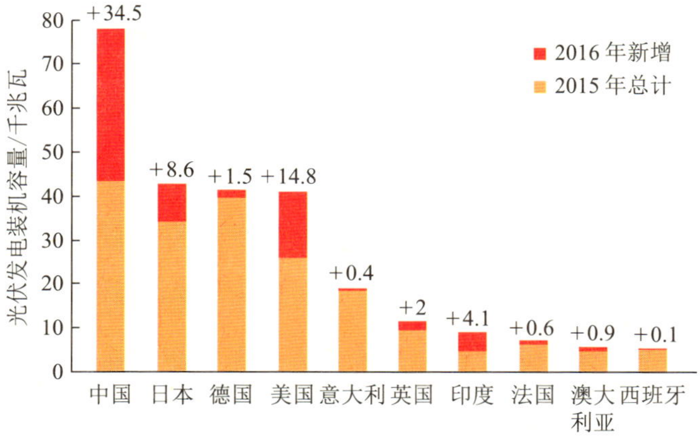

图 5　2016 年全球光伏发电装机容量前 10 名的国家

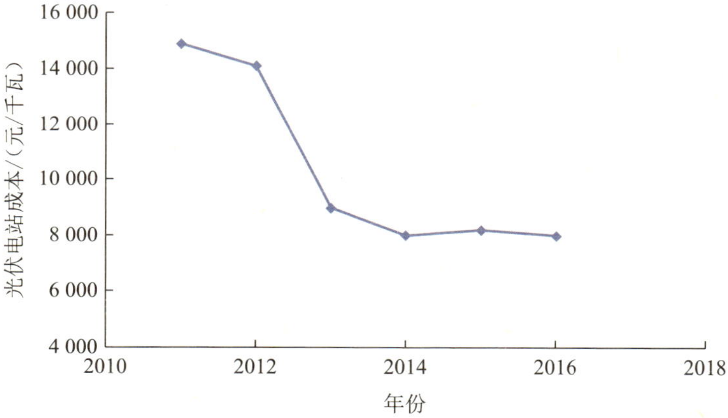

图 6　我国光伏电站成本

其次是电池转换效率不断提升。单晶硅电池和多晶硅电池转换效率在 2016 年分别达到 19.8%和 18.6%，而先进的单晶和多晶电池分别可达 21%和 19.5%以上，超高效电池组件在快速发展中(见图 7)。

5. 风电稳定增长，领跑全球，布局优化

我国风力发电产业快速发展，主要体现在以下两个方面。

一是产业规模稳步扩大。2016 年，我国风电累计并网 14 864 万千瓦，当年新增 1 930 万千瓦(见图 8)。我国风电无论新增装机还是累计装机均排名世界第一，2016 年新增装机容量占全球 42.7%，累计装机容量占全球34.7%，累计装机规模较第二名的美国高出一倍多。

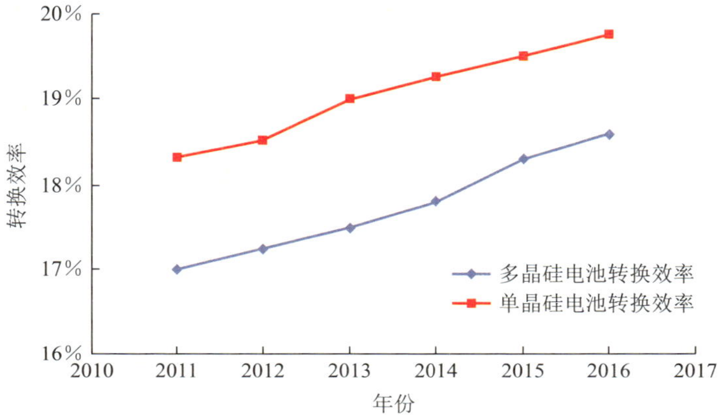

图7　我国单晶硅和多晶硅转换效率

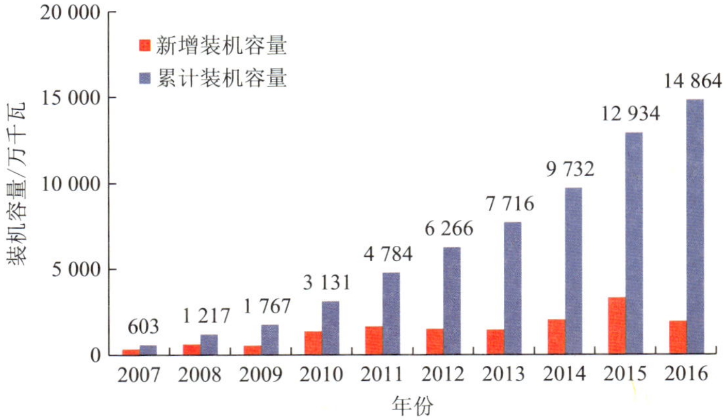

图8　2007—2016年我国风电装机容量

2016年全国风电发电量2 410亿千瓦时，占总发电量的4.1%，份额同比上升0.8%。风电平均利用小时数1 742小时，同比增加14小时，全年弃风电量497亿千瓦时（见图9）。

二是建设成本持续降低。全球风机出货量前十位的风机制造企业，中国占四家，市场份额占全球近四分之一。风电开发建设成本逐渐下降。受技术进步、市场竞争及行业政策的推动，风电场建设成本持续降低，平均单位千瓦造价从 2011 年至 2014 年降幅约 11%，之后逐步趋于平稳（见图 10）。

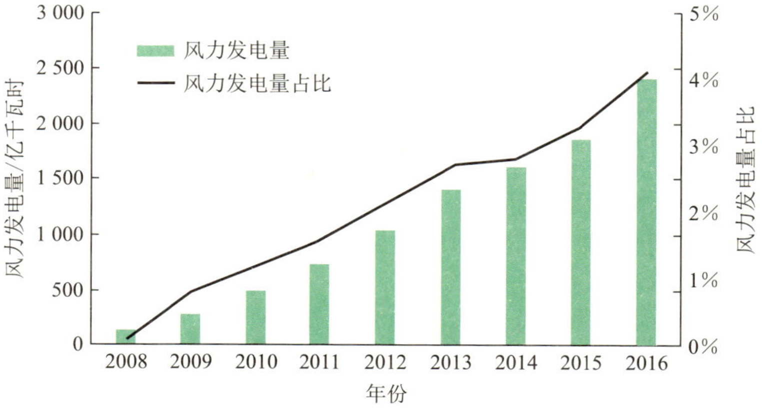

图 9　2008—2016 年中国风力发电量和风力发电量占比变化

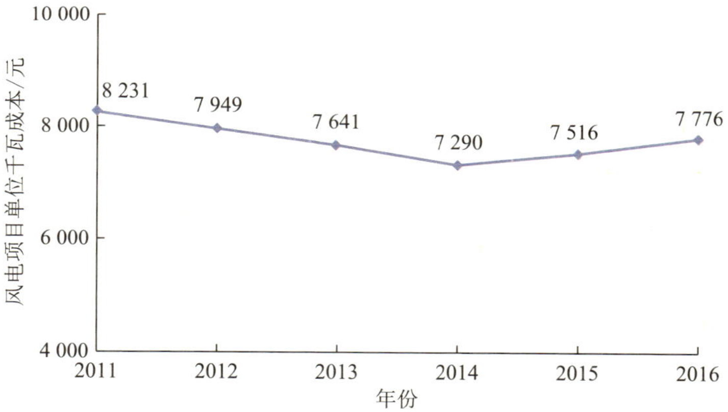

图 10　2011—2016 年中国风电项目建设成本变化

6. 太阳能热利用市场成熟，规模全球领先

经多年快速增长，我国太阳能热利用市场已接近饱和。2016 年，我国太阳能热利用保有量达到 4.64 万平方米（324.5 吉瓦热），同比增长 4.9%，2007 年至 2013 年，这一增速常年保持在 15% 以上（见图 11）。我国太阳能热利用规模位居全球第一，占全球的近 70%。应用领域主要是生活热水供应，约占市场累计安装量的 98%。

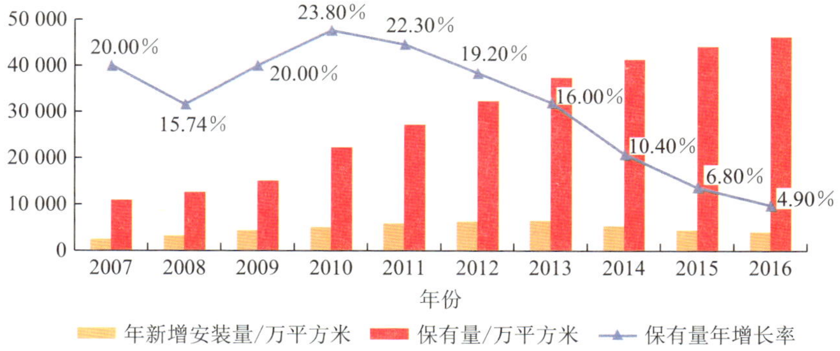

图 11　2007—2016 年中国太阳能热利用市场情况

7. 中国核电进入规模化发展新时期

中国跻身世界核电大国行列。目前，核能在我国已进入规模化发展的新时期，我国正在成为全球核电发展的中心。2016 年，我国共有 7 台核电机组投产，新增装机约 647 万千瓦，占全球新增装机的 50%左右。截至 2016 年底，我国已投入商业运行的核电机组共 35 台，运行装机容量为 3 364 万千瓦，约占全国电力装机容量的 2. 04%。目前在建机组规模位居世界第一，在建、在运机组总数位居世界第三。此外，2016 年核电发电量再创新高，核电累计发电量为 2 105. 19 亿千瓦时，约占全国累计发电量的 3. 56%，比 2015 年同期增长 25. 07%。

核电技术不断进步，实现了“走出去”。经过 30 多年的发展，我国的核电工业从弱到强，从依托国外技术到拥有自主技术，在研发设计、工程建设、装备制造、运行维护等各方面能力均大幅提升，具备了核电技术及装备“走出去”的实力。

中国拥有自主研发的核电技术和装备。CAP1000 和“华龙一号”是我国核电自主创新和集成创新的第三代核电技术。目前我国正在研发更为安全的第四代核电技术，核电已成为继高铁之后又一张“中国名片”。

中国核电已经走向世界。目前，“华龙一号”三代核电技术已经走出国门，成功出口到阿根廷、巴基斯坦、罗马尼亚、沙特阿拉伯、乌克兰、泰国、南非、巴西、孟加拉国等39个国家。

三、中国新能源发展趋势

技术突破和成本下降将持续推动新能源产业发展，而且是新能源发展的关键。首先，新能源得以充分发展的基础是政府的政策支持。未来一段时间，我国政府将继续大力支持新能源的发展。之后，随着新能源产业的规模化，政府将减少政策补贴，代之以政策引导。第二，我国的新能源技术将持续进步，待出现重大突破性关键技术后，新能源成本将进一步下降。待新能源成本下降到与传统能源看齐时，新能源将迎来大规模应用时代（见图12）。

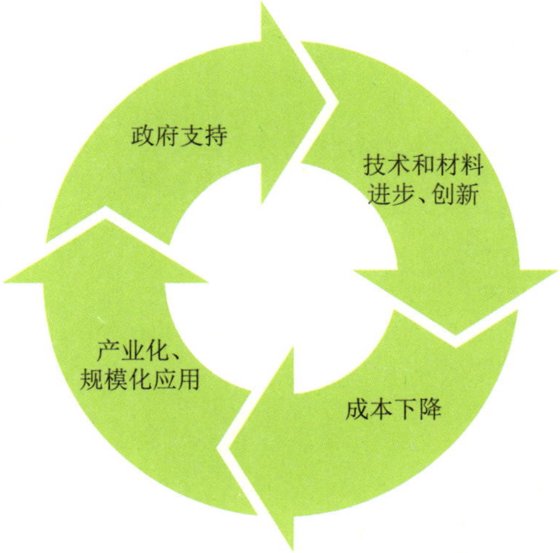

图12 新能源发展路径

我国政府在《可再生能源发展“十三五”规划》中提出了2020年可再生能源各项发展指标（见表1），经分析考证，表中各项发展指标均将如期实现，且有些指标将提前达成。值得注意的是，非化石能源占一次能源的比例，在2020年极有可能提高至15%。

表 1　2020 年可再生能源各项发展指标

内　容	利用规模		年产能量		折标煤（万吨/年）
	数　量	单　位	数　量	单　位	
一、发电	67 500	万千瓦	19 045	亿千瓦时	56 188
1. 水电（不含抽水蓄能）	34 000	万千瓦	12 500	亿千瓦时	36 875
2. 并网风电	21 000	万千瓦	4 200	亿千瓦时	12 390
3. 光伏发电	10 500	万千瓦	1 245	亿千瓦时	3 673
4. 太阳能热发电	500	万千瓦	200	亿千瓦时	590
5. 生物质发电	1 500	万千瓦	900	亿千瓦时	2 660
二、生物天然气			80	亿立方米	960
三、供热					15 100
1. 太阳能热水器	80 000	万平方米			9 600
2. 地热能热利用	160 000	万平方米			4 000
3. 生物质能供热（万吨）					1 500
四、生物液体燃料					680
1. 生物燃料乙醇	400	万吨			380
2. 生物柴油	200	万吨			300
可再生能源合计					72 928
商品化可再生能源合计					57 828

注：商品化可再生能源包括发电、生物天然气和燃料三类。

我院石油市场研究所对中国 2050 年以前一次能源需求发展前景进行了展望。2030 年前，中国新增一次能源需求将以天然气和新能源等清洁能源为主。2015—2030 年，中国一次能源需求增量的 37% 将来自新能源（包括非水可再生能源和核电）。从 2030 年开始，新能源将成为中国一次能源需求增量的主体，2035 年后新能源发电占比有望超过煤电，将获得广阔的发展空间。

中国已经成为新能源的发展大国和强国，在多个领域位列世界第一。中国的新能源技术、产品、管理经验和运行经验，可为文明古国间的能源合作开辟广阔的空间。随着中国在新能源领域的不断进步和发展，能源合作范围也将扩大。中国新能源必将“走出去”，成为与各国合作的又一里程碑。

（赵洁根据录音材料整理）